Peter Houghton & Jane Worroll
Abenteuer Waldschule

Abenteuer Waldschule

Outdoor-Erlebnisse für Kinder

Peter Houghton & Jane Woroll

Aus dem Englischen von Felix Mayer

Anaconda

Penguin Random House Verlagsgruppe FSC® N001967

Die Deutsche Nationalbibliothek verzeichnet diese Publikation in der Deutschen Nationalbibliografie; detaillierte bibliografische Daten sind im Internet unter http://dnb.d-nb.de abrufbar.

Umschlagillustrationen: © Peter Houghton
Umschlaggestaltung: www.dya.de,
nach dem Entwurf der Originalausgabe
von Viki Ottewill
Satz und Layout: Andreas Paqué, www.paque.de
Druck und Bindung: Alföldi Nyomda Zrt., Debrecen
Printed in Hungary
ISBN 978-3-7306-0570-7
www.anacondaverlag.de

Inhalt

Einleitung

Die Natur ist ein Zufluchtsort, an dem wir Frieden finden und verblüffende Entdeckungen machen können. Sie ist unvergänglich, kennt keine räumlichen Grenzen, und wir Menschen haben sie noch immer nicht gänzlich unter Kontrolle. Sie ist weitaus älter und größer als wir und bestimmt mit ihren Zyklen auch unser Dasein. Wir sind Geschöpfe der Natur, wir gehören zu ihr und unser Überleben hängt auf sehr komplexe Weise von ihr ab. Für Kinder ist die Natur ein riesiger Abenteuerspielplatz, auf dem sich die unterschiedlichsten Formen, Materialien und Gerüche entdecken lassen, Lebewesen jeder Größe und Gestalt sowie eine Unzahl von Pflanzen, von denen manche essbar und andere giftig sind. Die Natur versetzt Kinder in Staunen und bietet ihnen unendlich viele Möglichkeiten, Wagnisse einzugehen. Sie können viel von ihr lernen und in ihr die eigene Freiheit erfahren, weitab von der Welt der Erwachsenen.

Warum haben wir heutzutage ein so distanziertes Verhältnis zur Natur? Oft wird sie – neben anderen Gefahren der modernen Welt – als etwas Fremdartiges und als Bedrohung für unsere Kinder wahrgenommen. Bestimmte Veränderungen in unserer Lebenswelt, wie etwa eine Erziehungshaltung, die Risiken wenn irgend möglich ausschließen will, oder die stetig zunehmende Abhängigkeit von Technologien, führen dazu, dass sich unser Leben immer seltener im Freien abspielt und wir uns immer weniger bewegen. Eine der

negativen Folgen dieser Entwicklung ist die Tatsache, dass immer mehr Kinder übergewichtig sind. Manche unserer Ängste mögen gerechtfertigt sein, aber dennoch sollten wir diese Dinge noch einmal überdenken.

Die moderne Waldschulbewegung ist eine der zahlreichen privaten Initiativen, die sich zum Ziel gesetzt haben, Kindern die Natur wieder nahezubringen. Sie ist mittlerweile weltweit verbreitet und nahm ihren Anfang in den 1990er-Jahren in Großbritannien als eine bestimmte Form frühkindlicher Erziehung, die auf der vor allem in Skandinavien weit verbreiteten, spielbasierten und naturzentrierten Pädagogik gründete, die in Dänemark als *friluftsliv* (»Leben an der frischen Luft«) bekannt ist. Unabhängig voneinander entstanden immer mehr Waldschulen, deren Bandbreite inzwischen von Projekten spielerischer Erziehung, die in Parkanlagen oder an Schulen durchgeführt werden, bis zu speziellen Maßnahmen in der Suchttherapie oder zur sozialen Wiedereingliederung reicht. Der unabhängige Verband britischer Waldschulen, die Forest School Association, definiert die Arbeit der Waldschulen folgendermaßen:

> **»Das Lernen in einer Waldschule ist ein anregendes Erlebnis, das *allen* Beteiligten regelmäßig die Gelegenheit bietet, durch praktische Erfahrungen in einem Waldgebiet oder einer natürlichen, von Bäumen geprägten Umgebung Selbstvertrauen und Selbstwertgefühl zu entwickeln.«**

Diese Herangehensweise stützt sich nicht nur auf den skandinavischen Freiluft-Gedanken, sondern auch auf die Lerntheorien und die spielerischen, kindzentrierten Ansätze von Pädagogen wie Rudolf Steiner und Maria Montessori, sowie neben

weiteren Einflüssen auch auf die Prinzipien der naturverbundenen Erziehung von Kurt Hahn und die Ideen der Pfadfinder und der britischen Woodcraft-Folk-Bewegung. All diese Einflüsse haben die Waldschulen in ihrer heutigen Gestalt geprägt, ihr Ideal eines therapeutischen, erzieherischen Lernens, das die soziale und emotionale Entwicklung der Kinder sowie ihr Umweltbewusstsein so stark wie möglich fördert, indem es ihnen Gelegenheit gibt, sich mit Gefahren auseinanderzusetzen und dabei weitgehend selbstständig zu lernen, Ziele zu erreichen, aktiv zu sein und in direkter Auseinandersetzung mit der Natur zu spielen und zu lernen. Vor diesem Hintergrund loten Waldschullehrer aus, welche Interessen jedes Kind hat und wie es am besten lernt, und stellen durch intensive Betreuung sicher, dass es sein Lernpotenzial voll ausschöpft. Die Kinder haben dabei die Möglichkeit, der Enge des eigenen Zuhauses zu entfliehen und sich ohne Ablenkung durch elektronische Medien oder Überwachung durch überbesorgte Eltern im Freien zu bewegen, die Natur zu erforschen, sie in ihrem eigenen Rhythmus zu erkunden und sich selbst als ein Teil von ihr zu erleben – als Teil einer natürlichen Umgebung, die nicht vom Menschen geschaffen wurde und die für unsere Vorfahren eine tiefe spirituelle Bedeutung besaß.

In diesem Buch zeigen wir tolle Spiele, handwerkliche Tätigkeiten und Aktivitäten, bei denen die Kinder ihre Fähigkeiten entwickeln können – all das, was wir in unserem Waldschul-Unterricht in London und andernorts machen. So können Kinder, die noch nie eine Waldschule besucht haben, einen Eindruck davon gewinnen. Und Kinder, die damit schon vertraut sind, können all diesen Aktivitäten nachgehen, wenn sie gemeinsam mit Ihnen draußen spielen, und dabei weiter lernen. Aber natürlich kann ein Buch

niemals dieselbe Erfahrung wie der Besuch einer Waldschule vermitteln, der aus regelmäßigen Stunden unter Aufsicht eines entsprechend ausgebildeten Betreuers besteht. (Mehr zu den Leitlinien der Waldschulen finden Sie auf der Homepage der Forest School Association unter www.forestschoolassociation.org.) Und alle Kinder, die noch nie eine Waldschule besucht haben, sind herzlich dazu eingeladen!

Dieses Buch will vor allem vermitteln, wie viel Spaß wir in der Natur – und besonders im Wald – haben können. Weil der Unterricht in einer Waldschule jedoch auf die ganzheitliche Entwicklung der Kinder abzielt, erklären wir bei jeder Aktivität, was sie dabei lernen können. Der richtige Gebrauch von Feuerstahl (natürlich nur unter Aufsicht eines Erwachsenen) erfordert etwa Zeit, Konzentration, Geduld, Beharrlichkeit und Ausdauer. Ein Erfolgserlebnis kann Kinder nachhaltig stärken und ihnen zudem Selbstvertrauen schenken sowie den Mut, Neues auszuprobieren, und sie lernen dadurch auch, verantwortungsvoll mit Gefahren umzugehen. Jedes Mal wieder erfüllt es uns mit Freude, wenn ein Kind vor Begeisterung strahlt, nachdem es nicht aufgegeben hat und schließlich nur mithilfe eines Feuerstahls ein Feuer entfacht hat!

Kinder sind unendlich neugierig und haben unbändige Lust zu spielen und ihre Umwelt zu erkunden. Wenn sie dabei selbst Entscheidungen treffen, steuern sie aktiv die Art und Weise, wie sie dazulernen und sich entwickeln. Forschungsergebnisse legen nahe, dass Kinder in jungen Jahren am besten durch Erfahrung lernen und indem sie die Welt aktiv mit allen Sinnen erkunden, anstatt sie nur passiv zu erleben. Was wir durch Erfahrung lernen, bleibt uns bis ins Erwachsenenalter erhalten. Erfahrungen in der freien Natur unterstützen diese Entwicklung. Im selbstbestimmten Spiel können die Kinder sich nach Lust und Laune bewegen und dabei ihre Unabhängigkeit erleben, es fördert ihre Einbildungskraft und ihre soziale Kompetenz. Bei Aktivitäten unter der Anleitung von Erwachsenen, wie etwa dem Gebrauch von Werkzeugen, erwerben sie neue Fähigkeiten, erweitern ihr Vokabular, lernen den Umgang mit Gefahren, entwickeln ein positives Selbstbild und legen den Grundstein für erfolgreiches lebenslanges Lernen.

Spielen wie in der Waldschule

Dieses Buch richtet sich an Eltern, Lehrer und Aufsichtspersonen, die die Funktion des Betreuers in der Waldschule übernehmen und für die Kinder da sind (also stecken Sie Ihr Handy weg!), sie ermutigen, ihnen Ratschläge geben und helfen, die jeweilige Aufgabe zu meistern, gleichzeitig aber dafür sorgen, dass die Kinder die Erfahrungen selbst machen. Alle hier beschriebenen Aktivitäten eignen sich für ein breites Altersspektrum, vom Vorschulalter bis zum Alter von etwa elf Jahren; die Erwachsenen sollten also die individuellen Fähigkeiten jedes Kindes berücksichtigen.

Bei jeder Aktivität geben wir an, welche Ausrüstung Sie dafür benötigen. Nehmen Sie zusätzlich einen Erste-Hilfe-Kasten mit, dazu Wasser, Seife und Papierhandtücher zum Händewaschen. Wenn Kinder draußen spielen, sollten sie sich ohne Bedenken schmutzig machen dürfen. Die Aktivitäten können bei jedem Wetter stattfinden (nur bei starkem Wind sollten Sie nicht in die

Wälder gehen), also achten Sie darauf, dass alle Kinder entsprechende Kleidung tragen, die nicht geschont werden muss.

Jede Stunde in der Waldschule hat ihren Anfang, ihr Ende und ihren eigenen Rhythmus. Von diesem Rahmen und diesem Rhythmus können Sie sich inspirieren lassen, wenn Sie sich selbst Aktivitäten für das Spielen und Lernen im Wald ausdenken. Zu Beginn geben wir jedes Mal Hinweise zur Sicherheit, legen fest, wie weit sich das Spielgebiet erstreckt, und erinnern alle daran, die anderen Beteiligten und die Umwelt mit Respekt zu behandeln. (Wenn Sie sich in einem Naturschutzgebiet befinden, fragen Sie nach, ob es dort seltene Pflanzen gibt, die nicht gepflückt, oder Tiere, die nicht gestört werden dürfen.) Wir sprechen auch darüber, wo wir die Verpflegung aufbewahren und wo wir uns die Hände waschen können. Diese Vorgehensweise orientiert sich an dem Stufenmodell des Psychologen Abraham Maslow, dem zufolge zunächst die Grundbedürfnisse (wie etwa nach Nahrung, Behausung, Sicherheit und sozialer Gemeinschaft) befriedigt werden müssen, bevor man das Potenzial zur persönlichen Entwicklung ausschöpfen kann.

Bevor Sie entscheiden, mit welchem Spiel Sie beginnen, sollten Sie unbedingt herausfinden, in welcher Stimmung die Kinder sind und wieviel Energie sie gerade haben. Ältere Kinder können Sie bitten, sich auf einer Skala von 1 bis 10 selbst einzuschätzen (wobei 1 miserable und 10 prächtige Laune bedeutet). In einer kleineren Gruppe können Sie in die Runde fragen, mit einer großen Gruppe können Sie im Kreis sitzen und mithilfe eines Redestocks (siehe S. 14) die Kinder dazu bewegen, über ihre Gedanken und Gefühle zu sprechen. Lassen Sie sie ihre eigenen Worte finden und orientieren

Tipp:
Wenn in einer größeren Gruppe Rollen für ein Spiel verteilt werden müssen, können Sie Streit vermeiden, indem Sie das Los entscheiden lassen.

Sie sich an den Äußerungen der Kinder und an Ihren Beobachtungen, um die Stunde oder den Tag zu planen.

Wenn Sie zum Beispiel eine sehr lebhafte Gruppe haben, in der noch nicht jeder jeden kennt (wie bei einem Kindergeburtstag), bieten sich für den Anfang die Gruppenspiele in der Natur an (siehe S. 114). Sie sind ideal, um Übermut zu kanalisieren, die Kinder zur Teamarbeit zu ermuntern und das Einfühlungsvermögen zu fördern. Und darüber hinaus machen sie außerdem eine Menge Spaß. Die Erkundungen in der Natur (siehe S. 16) lassen die Kinder die Verbindung zur Natur spüren und eignen sich besonders gut für Kinder, die mehr über die Umwelt erfahren möchten. Die Aktivitäten rund um Kunst und Handwerk in der Natur (siehe S. 44) passen gut in den Plan, wenn die Kinder nicht so viel Energie haben, etwa nach einem Spiel oder nach dem Mittagessen an einem heißen Tag. Ein eigenes Kapitel haben wir den Techniken gewidmet, die man zum Überleben in der Natur braucht (siehe S. 92) und die alle mittelbar zur Steigerung des Selbstwertgefühls beitragen können. Je mehr Erfahrung Sie mit den verschiedenen Aktivitäten haben, desto leichter wird es Ihnen fallen, diejenigen auszuwählen, die am besten in den natürlichen Tagesablauf und zur Stimmung aller Beteiligten passen.

Halten Sie es wie wir in unserer Waldschule und achten Sie darauf, dass immer genug Erwachsene anwesend sind, damit die Kinder unter Aufsicht und in Sicherheit spielen können und solchen

Aktivitäten nachgehen, die sie vor Herausforderungen stellen, ihnen aber auch Erfolgserlebnisse bescheren. Dabei können Sie auch herausfinden, welche speziellen Interessen die einzelnen Kinder haben und auf welche Weise sie lernen. Diese Erkenntnisse werden Ihnen bei der Gestaltung zukünftiger Stunden in der freien Natur helfen. Bei den Aktivitäten, für die mehrere Teilnehmer erforderlich sind, haben wir vermerkt, wie groß die Gruppe sein sollte.

Bevor Sie mit einer Aktivität beginnen, lesen Sie die Anleitung, zeigen Sie den Kindern die schwierigeren Handgriffe und lassen Sie sie dann die einzelnen Schritte so weit wie möglich allein versuchen. Ermutigen Sie sie und helfen Sie ihnen nur, wenn es nötig ist. In dem Wissen, dass Kinder neue Sachen gern selbst ausprobieren, haben wir die Schritt-für-Schritt-Anleitungen und die Zeichnungen so schlicht und leicht verständlich wie möglich gehalten. Wenn die Kinder beschäftigt sind, sollten Sie sie einfach machen lassen und sich nicht mit Ihrer Meinung oder Ratschlägen einmischen. Wenn ein Kind zum Beispiel ein altes gebrauchtes Bonbonpapier an seinen Zauberstab heften will, dann lassen Sie es gewähren und verbieten Sie ihm nicht, mit »Müll« zu spielen. Nur wenn ein Kind etwas Gefährliches vorhat, sollten Sie eingreifen. Aber setzen Sie auch hierbei auf Erklärungen und behandeln Sie das Kind respektvoll.

Am Schluss eines Tages in unserer Waldschule fordern wir die Kinder auf zu erzählen, wie sie sich fühlen. Sie haben dabei auch die Möglichkeit, über die gemachten Erfahrungen nachzudenken. Das festigt das Gelernte, regt zu intensiverem Nachdenken an und ermutigt sie, sich weiter aktiv neues Wissen anzueignen. Was haben sie gelernt? Was hat ihnen besonders gut gefallen und was fanden sie besonders schwierig? Am Ende jedes Abschnitts machen wir Vorschläge, unter welchem Aspekt Sie mit den Kindern über die jeweilige Aktivität sprechen können. Diese Gespräche unterstützen nicht nur den Lernprozess bei den Kindern, sondern geben Ihnen auch Auskunft darüber, wie die Kinder lernen, was gut funktioniert hat und was Sie vielleicht verändern könnten. Diese Einsichten können Sie dann für zukünftige Tage im Wald nutzen. Ein solcher Abschluss ermöglicht außerdem allen Beteiligten, das Spiel zu beenden und sich wieder neu zu orientieren, sowohl innerlich als auch ganz konkret, indem man sich an einem bestimmten Ort versammelt.

Tipp:

Damit jeder die Möglichkeit bekommt, sich zu äußern, bilden Sie einen Kreis und lassen Sie einen »Redestock« herumgehen. Sie können dazu einen beliebigen Ast oder Zweig verwenden. Wer ihn in der Hand hält, darf sprechen. Die anderen müssen still sein und zuhören, bis sie selbst an der Reihe sind. Ein wahrer Zauberstab!

Unser Wissen über die Natur ist so weitreichend wie nie zuvor. Wir wissen, wie Ökosysteme funktionieren und wodurch ganze Arten ausgelöscht werden. Dieses Wissen ist von unermesslichem Wert für die gedeihliche Zukunft unseres Planeten und seiner Bewohner, aber wenn künftige Generationen die Notwendigkeit erkennen sollen, dieses Wissen auch anzuwenden, müssen sie sich als Teil der Natur fühlen. Dieses Gefühl kann sich nur durch nachhaltige Erfahrungen in einer natürlichen Umgebung entwickeln. Und was prägt sich uns stärker ein als das Spiel in der freien Natur, bei dem wir mit Spaß und Freude lernen? Im Kreis vertrauter Erwachsener und Freunde ganz in der Natur und den Elementen aufzugehen, ist dabei nur eine der Erfahrungen, die der Unterricht in der Waldschule vermitteln will.

Erkundungen in der Natur

Die Aktivitäten, die in diesem Kapitel beschrieben werden, bieten Kindern die Möglichkeit, die Natur auf neuartige, die Fantasie anregende Weise zu erfahren und mit ihrer natürlichen Umgebung eins zu werden.

Diese Spiele sorgen für Spaß, erfordern aktive Mitarbeit und trainieren sämtliche Sinne und Fähigkeiten der Kinder. Sie ermuntern dazu, die Umgebung zu erforschen und die eigenen Gedanken und Gefühle zu erkunden, aber auch über andere Lebewesen nachzudenken. Manchmal heißt das, sich das Verhalten bestimmter Tiere des Waldes vorzustellen oder Ähnlichkeiten zu entdecken; manchmal bedeutet es auch, einen der fünf Sinne auszuschalten und so neue Formen der Wahrnehmung kennenzulernen. Wenn ein Kind mit verbundenen Augen vor einem Baum steht, wird es beeindruckt davon sein, wie sich das feuchte Moos anfühlt und wie das Holz riecht, und derlei sinnliche Erlebnisse helfen ihm zu verstehen, was einen Baum ausmacht. Die Aktivitäten ermöglichen es den Kindern, ganz persönliche Erfahrungen zu sammeln sowie zu erleben, dass diese wertvoll und richtig sind. Indem sie diese Erfahrungen mit anderen teilen, entwickeln sie Vertrauen und Einfühlungsvermögen.

So entsteht auf spielerischem Weg nicht nur handfestes Wissen über die Umwelt, sondern auch eine Verbindung zur Natur, ein Zugehörigkeitsgefühl. Das Staunen wächst, und mit ihm die Achtung vor dem Leben. Wertvolle Erinnerungen sammeln sich an, begleitet von der Lust, schon bald wieder auf Erkundung zu gehen und mehr zu entdecken. Daraus entwickelt sich ein nachhaltiges Bewusstsein für den verantwortungsvollen Umgang mit unserer überwältigenden und einzigartigen Natur.

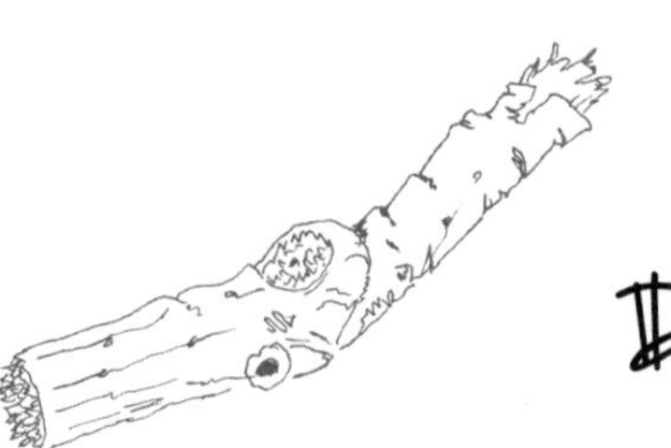

Der Wanderstab

Wanderstäbe sind der Überlieferung zufolge eine Erfindung der Ureinwohner Australiens. Sie halfen den Menschen, sich an ihre Wanderungen zu erinnern und davon zu erzählen. Im Laufe jeder Reise befestigten die Aborigines Dinge an ihrem Stab, die für die Orte standen, die sie besucht hatten, aber auch für ihre Gefühle und Gedanken sowie die Erfahrungen, die sie auf ihrem Weg gemacht hatten.

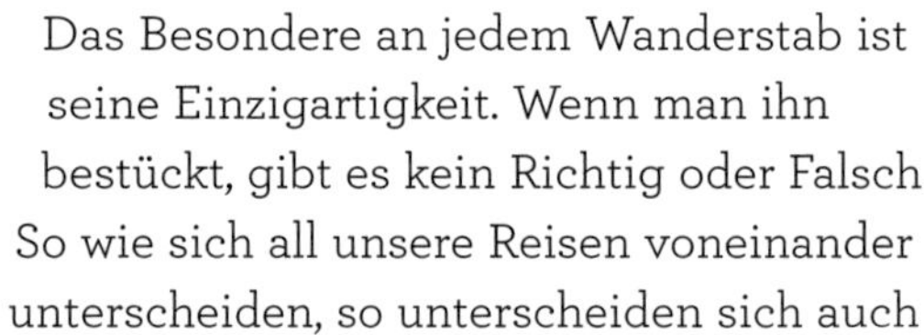

Das Besondere an jedem Wanderstab ist seine Einzigartigkeit. Wenn man ihn bestückt, gibt es kein Richtig oder Falsch. So wie sich all unsere Reisen voneinander unterscheiden, so unterscheiden sich auch die Arten, wie wir an sie zurückdenken und sie uns vergegenwärtigen. Ein Blatt kann uns an einen Sonnenstrahl erinnern, der durch die Baumkronen eines Waldes gefallen ist und unsere Haut gewärmt hat. Eine Feder ruft uns vielleicht den fröhlichen Gesang eines Vogels in Erinnerung, und ein Kieselstein lässt uns an ein bestimmtes Gefühl denken. Eine Eichel evoziert das Bild einer alten Eiche, an der wir auf unserem Weg vorübergekommen sind. Selbst die unterschiedlichen Farben der Gummiringe und Schnüre, mit denen wir die Objekte an unseren Wanderstab binden, können für Orte, Gedanken und Gefühle stehen.

Bei diesem Spiel können sich die Kinder nach Herzenslust bewegen und alles aufsammeln, was ihr Interesse weckt. Das fördert Kreativität und Fantasie. Die Kinder lernen, mit der Aufmerksamkeit ganz im Hier und Jetzt zu sein, sich auf das zu konzentrieren, was sie in ihrer Umgebung sehen, hören und spüren, und darauf, wie sie es erleben. Dieses Spiel fördert das neugierige Erkunden der Natur sowie kommunikative Fähigkeiten und das Einfühlungsvermögen, das erforderlich ist, um von der eigenen Reise zu berichten und den Erzählungen der anderen zuzuhören. Beim Befestigen der Objekte am Stab werden zudem feinmotorische Fähigkeiten trainiert.

Ort	**Idealerweise ein Waldgebiet. Dort findet man leicht Stöcke, es gibt zahlreiche Pflanzenarten und das Gelände ist abwechslungsreich. Aber jede andere natürliche Umgebung eignet sich genauso.**
Altersgruppe	**Ab 4 Jahren**
Was dabei gefördert wird	**Fantasie ❁ Kreativität ❁ Konzentration ❁ Neugier ❁ feinmotorische Fähigkeiten ❁ Einfühlungsvermögen ❁ Naturverbundenheit ❁ Kommunikation**
Ausrüstung	**→ Stöcke (wenn im Gelände keine zu finden sind) → Schnüre in unterschiedlichen Farben → Gummiringe in unterschiedlichen Farben**

Ich bin jedes Mal wieder überrascht, was die Kinder alles an ihre Wanderstäbe binden. Mein Sohn klaubte einmal einen alten roten Tennisball auf, den ein Hund in zwei Teile zerbissen hatte. Ich sagte reflexartig: »Lass den liegen, der ist schmutzig!« Aber dann machte ich mir klar, dass der Ball keine Gefahr darstellte und es die Entscheidung meines Sohnes war, was er an seinem Stab anbrachte. Daraufhin sah ich in dem zerfetzten Tennisball ein interessantes farbiges Ding von seltsamer Konsistenz, das, einmal am Wanderstab befestigt, sofort ins Auge fiel. Weggeworfenes Bonbonpapier, vergessene Bälle, Vogelfedern – alles hat kreativen Wert!

Vorbereitung

Legen Sie für die Wanderung eine Strecke samt Ausgangspunkt und Ziel fest. Erklären Sie den Kindern, dass Sie gemeinsam eine Wanderung unternehmen werden, von der sie anschließend ihren Freunden oder ihrer Familie erzählen sollen. Der Wanderstab wird ihnen helfen, sich an den Ausflug zu erinnern. Verteilen Sie dann die Stöcke. Jedes Kind soll sich selbst einen Wanderstab aussuchen, der ihm gut gefällt und mit dem es bequem umgehen kann.

Weil kleinere Kinder noch keine Knoten binden können, ist es ratsam, Gummiringe über die Stöcke zu streifen, mit denen sich Dinge befestigen lassen. Wenn verschiedene Farben zur Auswahl stehen, können die Kinder ihre Lieblingsfarben aussuchen. Ältere Kinder können sich jeweils eine Handvoll verschiedenfarbiger Schnüre und Gummiringe aussuchen. Damit können sie sämtliche Fundstücke an ihrem Stab anbringen, und die Farben können auch bei der Erinnerung an die einzelnen Erlebnisse helfen.

Erste Schritte

Erklären Sie den Kindern, dass sie während der Wanderung Dinge aus der Natur und alles, was ihnen gefällt, aufheben und an ihrem Wanderstab anbringen sollen. Dabei können sie auch auf die Geräusche achten, die sie hören, auf das, was sie denken und fühlen, auf die Landschaft, auf Bäume und Tiere, die ihnen auffallen, aber auch auf Gerüche oder den Streckenverlauf. Die Gegenstände, die sie unterwegs sammeln, werden ihnen helfen, sich an ihre Erlebnisse zu erinnern.

Machen Sie klar, was gesammelt werden darf und was nicht, wie etwa seltene oder giftige Pflanzen oder gefährliche Gegenstände wie zum Beispiel Glasscherben.

Und los!

Machen Sie sich auf den Weg! Der erste Gegenstand kommt an das obere Ende des Stocks und markiert den Anfang, der letzte in die Mitte oder an das untere Ende. Das hilft dabei, den Verlauf der Wanderung nachzuerzählen.

Abschluss

Nehmen Sie sich genug Zeit, um jeden einzelnen Wanderstab zu bewundern, und beschreiben Sie, wie farbenprächtig, interessant, einzigartig und schön er geworden ist. Lassen Sie jedes Kind von den eigenen Erlebnissen während der Wanderung erzählen, wobei die einzelnen Objekte als Gedächtnisstütze dienen sollen. Wenn ein Kind sich nicht mehr erinnern kann, fragen Sie nach, warum es diesen oder jenen Gegenstand mitgenommen hat, welches Ding sein liebstes ist und warum, und wo es herstammt. Sprechen Sie über die Fundstücke. Wo kommen sie her? Welchen Nutzen haben sie für Pflanzen und Tiere? Und was können wir dazu beitragen, damit diese Pflanzen und Tiere auch in Zukunft noch in den Wäldern zu finden sind?

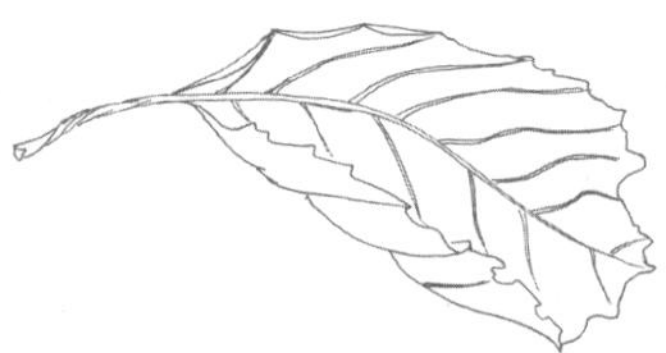

Die Waldkarte

Stellen Sie sich vor, wie es wäre, im Wald zu leben. Der Wald wäre Ihr Zuhause, der Ort, der Ihnen Schutz bietet und Sie mit Nahrung versorgt. Sie müssten einen Fluss suchen, der Ihnen Wasser spendet, Büsche mit essbaren Beeren oder einen umgestürzten Baum, der Ihnen Brennholz und Material für einen Unterstand liefert. Im Wald kann die Orientierung jedoch schwerfallen, wenn überall laubreiche Bäume und dichte Büsche wachsen und unebenes Gelände die Sicht behindert. Bei diesem faszinierenden Spiel geht es darum, eine bestimmte Gegend in der Natur genauer kennenzulernen. Dabei arbeiten die Kinder wie Ameisen in einer Gruppe zusammen, bilden einen Spähtrupp, durchsuchen das Gelände nach dem, was dort zu finden ist, und erstellen aus ihren Fundstücken eine Landkarte der Gegend.

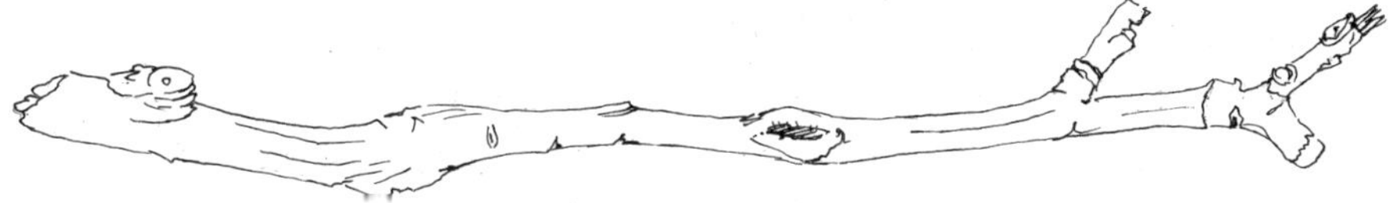

Dieses Spiel bietet eine gute Möglichkeit, über Techniken zu sprechen, die für das Überleben in der Natur erforderlich sind (siehe auch S. 92), und den Kindern begreiflich zu machen, dass Menschen nur überleben können, wenn sie die Natur verstehen und gemeinschaftlich zusammenarbeiten. Wenn die Kinder Dinge

sammeln und sich mögliche Verwendungen dafür überlegen, schafft das ein starkes Gefühl der Naturverbundenheit und fördert zudem Neugier und Konzentrationsfähigkeit. Darüber hinaus ist es eine gute Gelegenheit, den Kindern Pflanzennamen beizubringen, und sie trainieren ihr Gedächtnis und ihre Sprachfertigkeiten, wenn sie erzählen, wo sie die jeweiligen Pflanzenteile gefunden haben, und überlegen, wozu sie dienen könnten. Indem sie die zu kartierende Gegend durchstreifen und ein Abbild von ihr erstellen, bekommen sie ein Gefühl für Entfernungen und schärfen ihren Orientierungssinn.

Und nicht zuletzt kommt die Fantasie der Kinder in Gang – ob sie sich vorstellen, sie wären Vögel, die auf Nahrungssuche über das Terrain kreisen, Ameisen, die den Boden auskundschaften, oder ein Nomadenvolk, das unbekanntes Gelände dahingehend erforscht, ob es alles Lebensnotwendige zu bieten hat.

Vorbereitung

Errichten Sie ein Basislager, das für die Dauer Ihres Aufenthalts im Wald Ihr Zuhause sein wird. Die Kinder werden die Gegend rund um dieses Zuhause erkunden, dabei auffällige natürliche Objekte sammeln (mit Ausnahme seltener und giftiger Pflanzen) und anhand dieser Objekte eine Karte erstellen, die anzeigt, was in der Umgebung alles zu finden ist.

Erste Schritte

Zunächst soll jeder aus der Gruppe zwei Stöcke suchen: einer so lang wie der eigene Arm, und einer halb so lang. Dann werden die Stöcke in Form eines Rades auf den Boden gelegt, wobei die langen die Speichen bilden und die kurzen den Rand.

Ort	**Wald**
Altersgruppe	**Ab 6 Jahren**
Teilnehmerzahl	**Idealerweise mindestens vier, um alle Himmelsrichtungen abzudecken, aber das ist nicht unbedingt erforderlich.**
Was dabei gefördert wird	**Naturverbundenheit ❁ Neugier ❁ Konzentration ❁ Teamarbeit ❁ Bestimmung von Pflanzen ❁ Erinnerungsvermögen ❁ Sprache ❁ Fantasie ❁ Orientierungssinn ❁ Bewusstsein für Nachhaltigkeit**
Ausrüstung	**→ Stöcke (wenn im Gelände keine zu finden sind) → Stifte und Haftnotizen (falls kleinere Kinder dabei sind)**

Wenn das Rad fertig ist, stellt sich jeder vor den eigenen kurzen Stock, sodass er ein Dreieck aus zwei langen und einem kurzen Stock im Rücken hat. Dann gehen alle etwa fünfzig Meter geradeaus (oder weniger weit, wenn das Gelände es nicht erlaubt oder die Kinder noch kleiner sind), und legen anschließend die Dinge, die sie dabei gefunden haben, in ihr Dreieck.

Und los!

Jetzt gehen alle geradeaus (dabei können auch die Schritte mitgezählt werden), bleiben nach etwa zehn Metern stehen und heben dort etwas auf, was ihnen ins Auge fällt: ein Blatt, einen Zweig, einen Stein, eine Nussschale oder einen Tannenzapfen. Dann gehen alle zehn Meter weiter und sammeln wieder etwas ein. Nach fünfzig Metern hat jeder fünf Dinge gesammelt. Dabei ist es wichtig, dass die Kinder sich an die Reihenfolge erinnern. Wenn sie auf Wasser stoßen, sollen sie sich merken, welches der Dinge dem Wasser am nächsten lag.

Tipp:
Wenn kleinere Kinder sich die Reihenfolge der Fundstücke nicht merken können, helfen Sie ihnen mit nummerierten Haftnotizen.

Wenn jeder fünf Dinge gesammelt hat, kommen alle zurück zum Rad. Jeder legt sein erstes Fundstück in die Spitze des eigenen Dreiecks, nahe bei der Mitte, und dann eines nach dem anderen die restlichen vier, sodass das fünfte ganz außen liegt. Wer Wasser gesehen hat, zeichnet neben dem Objekt, das er dort gefunden hat, Wellenlinien in die Erde. So entsteht eine beeindruckende Landkarte, die anzeigt, wo in einem Umkreis von fünfzig Metern Pflanzen, Steine, Wasser und andere natürliche Objekte zu finden sind.

Abschluss

Wenn die Karte fertig ist, fragen Sie die Kinder, wozu sie dienen könnte. Sprechen Sie über die Fundstücke: Welchen Zweck erfüllen sie in der Natur? Wie könnten Menschen oder Tiere sie verwenden? Hat jemand einen Lieblingsgegenstand? Wenn ja, warum? Sie können auch darüber sprechen, was wir Menschen brauchen, um im Wald zu überleben. Welches Material ist zum Beispiel nötig, um einen Unterstand zu bauen? (Ideen zum Bau von Unterständen finden Sie auf S. 104.) Welche Pflanzen können

wir bedenkenlos essen? (Mehr zur Ernährung in der Natur finden Sie auf S. 132.) Sie können mit den Kindern auch darüber reden, wie wir nachhaltig mit unseren Wäldern umgehen, etwa durch maßvollen Einschlag oder die Überwachung der Ausbreitung nicht einheimischer Arten wie der Amerikanischen Traubenkirsche in Deutschland.

Eicheln verstecken

Haben Sie sich jemals gefragt, warum ein Eichhörnchen volle Backen hat, wenn es im Boden wühlt? Wahrscheinlich vergräbt es gerade Eicheln! Wie andere tierische Waldbewohner auch (zum Beispiel Streifenhörnchen oder Eichelhäher) legen Eichhörnchen im Herbst Vorräte an, um versorgt zu sein, wenn im Winter die Nahrung knapp wird. Aus Angst vor Futterdieben lassen sie sich dabei nicht gern beobachten und vergraben ihre Schätze in einem recht weiträumigen Gebiet an den verschiedensten Stellen. Dabei führen sie sogar potenzielle Räuber in die Irre, indem sie ihnen den Rücken zuwenden und Pseudo-Verstecke anlegen, die sie dann aber gar nicht nutzen. Wenn ein Eichhörnchen Monate später zu seinen Vorratskammern zurückkehrt, verlässt es sich auf sein Gedächtnis und seine stark ausgeprägten Sinne – es kann die im Boden vergrabenen Schätze nämlich riechen!

Wer kann nach Art der Eichhörnchen sein Überleben sichern? Probieren Sie es aus!

Bei diesem Spiel bewegen sich die Kinder viel und trainieren Gedächtnis, Konzentration und Selbstbeherrschung, um ein bestimmtes Ziel zu erreichen, nämlich die versteckten Eicheln wiederzufinden. Das macht nicht nur eine Menge Spaß und steigert das Selbstwertgefühl, sondern die Kinder lernen zudem auch, dass Beharrlichkeit zum Erfolg führt, erkunden dabei die Natur und fühlen sich mit ihr verbunden. Und indem sie in die Rolle von Eichhörnchen schlüpfen, können sie ihrer Fantasie freien Lauf lassen!

Vorbereitung

Die Kinder stellen sich vor, dass sie Eichhörnchen sind, die im Herbst Eicheln sammeln und verstecken, um sie im Winter, wenn das Nahrungsangebot knapp wird, wieder auszugraben und zu fressen. Sie überlegen sich sichere Verstecke, die ihre Artgenossen und andere Tiere, die ebenfalls Interesse an den Vorräten haben könnten, nicht finden.

Ort	**Am besten ein Wald oder ein Park, wo es im Herbst Eichhörnchen und Eicheln gibt. Statt Eicheln können Sie auch Haselnüsse oder Bucheckern verwenden.**
Altersgruppe	**Ab 3 Jahren**
Was dabei gefördert wird	**Konzentration ❁ Selbstbeherrschung ❁ Gedächtnis ❁ Selbstwertgefühl ❁ Bewegung ❁ Fantasie ❁ ökologisches Bewusstsein**
Ausrüstung	**Eine kleine Tasche oder ein Behälter pro Kind (zum Sammeln der Eicheln)**

Mit diesem Ziel sucht jedes Eichhörnchen eine Eiche, sammelt dort vom Boden fünf bis zehn Eicheln auf und verstaut sie in seiner Tasche oder seinem Behälter. Die jüngeren brauchen nur fünf Eicheln zu sammeln.

Erste Schritte

Wenn alle ihre Eicheln gesammelt haben, sieht sich jeder nach einem geeigneten Versteck um, wobei die anderen nicht mitbekommen dürfen, wo es liegt. Geeignete Stellen finden sich zum Beispiel hinter oder unter einem Felsen, im Boden neben einer Pfütze, in einer Baumhöhle oder neben einem umgestürzten Baumstamm. Dabei kommt es darauf an, sich die Details der Umgebung einzuprägen – sie helfen später dabei, das Versteck wiederzufinden.

Sobald alle Eicheln versteckt sind, streifen die Kinder ein wenig im Gelände herum. (Bewegen Sie sich mit kleineren Kindern nicht zu weit weg, um Enttäuschungen zu vermeiden.) Dann geht es wieder zurück an die Orte, wo die leckeren Eicheln versteckt sind.

Und los!

Jetzt suchen alle ihre Eicheln. Sind sie noch da? Kann jedes Eichhörnchen seinen Vorrat wiederfinden?

Geben Sie den Kindern Hinweise und ermutigen Sie sie, vor allem wenn sie Schwierigkeiten haben. Aber lassen Sie jedes Eichhörnchen seine Vorräte selbst finden.

Tipp:

Eicheln lassen sich gut vergraben, indem man mit einem Stock ein kleines, flaches Loch aushebt, die Eicheln hineinlegt und mit Erde oder Laub bedeckt.

Abschluss

Fragen Sie die Kinder, wie es sich angefühlt hat, ein Eichhörnchen zu sein. Welche Fähigkeiten braucht ein Eichhörnchen wohl zum Überleben? Warum haben sich die Kinder für ein bestimmtes Versteck entschieden? War es leicht, die Eicheln wiederzufinden? Was hat ihnen dabei geholfen? Was war schwierig, und warum?

Erklären Sie den Kindern, dass Eichhörnchen ihre Artgenossen und ihr Futter am Geruch erkennen können. Sprechen Sie darüber, was Eichhörnchen sonst noch fressen, wie etwa Haselnüsse, Bucheckern, Baumrinde, Pilze, Pflanzenknospen und Blumen. Für ältere Kinder könnte interessant sein, dass Eichhörnchen manchmal auch Vogelnester ausrauben und dort Eier oder Junge stehlen. (Auf S. 28 erfahren Sie mehr über Eichhörnchen und Eichen.)

Auch den Menschen haben Eicheln schon als Nahrungsmittel gedient. Als während des Zweiten Weltkriegs die Lebensmittel knapp wurden, trank man häufig einen Kaffeeersatz aus Eicheln, die damals genauso leicht zu finden waren wie heute. (Wenn die Kinder Eicheln probieren wollen, sollten Sie darauf hinweisen, dass sie sehr bitter schmecken und daher nicht roh gegessen werden sollten.)

Schnitzeljagd

Kinder sind von Natur aus entdeckungsfreudig. Eine Schnitzeljagd macht Spaß und lenkt diese Neugier gezielt auf die verschiedensten Objekte, Geräusche, Pflanzen, Tiere und andere Bestandteile der Umwelt. So lernen die Kinder, sich als Teil der Landschaft zu begreifen, die sie umgibt, und eine Verbindung zu ihr aufzubauen. Wenn sie dabei die Natur kennenlernen und sich mit ihr vertraut fühlen, wächst auch das Zugehörigkeitsgefühl. Sie erfahren die Natur als ihr Zuhause.

Indem sie das, was sie finden, mit dem in Verbindung bringen, was sie suchen sollen, lernen die Kinder, Zusammenhänge herzustellen und ihre Sinne zu schärfen. Diese Fähigkeiten sind auch auf anderen Gebieten von grundlegender Bedeutung, etwa beim Lesen und Rechnen, und ermöglichen es, in den unterschiedlichsten Situationen Informationen zu ordnen, zu verarbeiten und zu nutzen. Außerdem lernen die Kinder, Verbindungen zwischen ihrem inneren Erleben und der äußeren Welt herzustellen. Und all das geschieht spielerisch!

Vorbereitung

Eine Schnitzeljagd ist leicht vorzubereiten. Überlegen Sie einfach, welche natürlichen Objekte auf dem Spielgelände zu finden sind (seltene und giftige Pflanzen natürlich ausgenommen!). Sie können auch Sinnesempfindungen mit auf die Liste nehmen, etwa ein bestimmtes Geräusch oder den Wind, der über das Gesicht streicht. Entwerfen Sie vor Spielbeginn eine Suchkarte, auf der 9 bis 16 Dinge verzeichnet sind (je nach Alter der Kinder und der

verfügbaren Zeit kann die Anzahl variieren). Die Suchhinweise können Bilder, Worte oder eine Kombination aus beidem sein. Auf S. 35 sehen Sie ein Beispiel, das Sie kopieren und verwenden können, wenn es für Ihre Region passt. Sie können auch Fotos aus Magazinen ausschneiden oder aus dem Internet herunterladen und ausdrucken und dann auf Karten aus Pappkarton kleben. Oder Sie zeichnen und schreiben die Hinweise direkt auf die Karten.

Stecken Sie die Karten in Plastikhüllen, um sie zu schützen (vor allem, wenn Regen droht), und befestigen Sie daran ein Stück Schnur, das lang genug ist, um die Karten um den Hals zu tragen und sie leicht einzusehen. So haben die Jäger beide Hände frei.

Ort	**Am besten ein Waldgebiet oder anderes natürliches Gelände (wie etwa ein Strand), wo es eine Vielzahl an Tieren, Pflanzen und Bäumen gibt. Bei entsprechender Vorbereitung können Sie eine Schnitzeljagd jedoch überall durchführen.**
Altersgruppe	**Ab 3 Jahren**
Was dabei gefördert wird	**Sinneswahrnehmung ❁ Bewegung ❁ Konzentration ❁ Wiedererkennungsvermögen ❁ ökologisches Bewusstsein ❁ Naturverbundenheit**
Ausrüstung	**→ Eine Suchkarte für jedes Kind/Team → Durchsichtige Plastikhüllen, um die Karten zu schützen (bei Bedarf; je nach Wetter und Gelände) → Schnur, um die Karten um den Hals zu tragen (wahlweise) → Stifte**

Erste Schritte

Stellen sie sicher, dass alle Jäger die Suchhinweise verstehen. Ältere Kinder können Sie etwas mehr fordern, indem Sie die Zeit begrenzen. Aber machen Sie es nicht zu schwierig, damit die Kinder nicht die Lust verlieren oder frustriert sind. Größere Gruppen können Sie, wenn die Kinder einverstanden sind, in kleinere Teams einteilen. Bedenken Sie aber, dass es immer Kinder gibt, die lieber allein auf die Jagd gehen.

Und los!

Jetzt gehen die Jäger auf die Pirsch! Sobald ein Objekt gefunden ist, wird der entsprechende Suchhinweis durchgestrichen. Scheuen Sie sich nicht, den Kindern mit Hilfe und Aufmunterung beizustehen und Suchtipps zu geben. So können Sie etwa fragen: »War das da oben nicht ein Eichhörnchen?« Oder auch: »Wo sind Eicheln wohl am ehesten zu finden?« Dabei sollen die Kinder aber immer die Initiative ergreifen und eigenständig suchen.

Abschluss

Sprechen Sie nach der Schnitzeljagd mit den Kindern darüber. Was war am schwierigsten zu finden? Haben die Kinder Lieblingsobjekte? Haben sie etwas nicht gefunden, und warum? Wie haben sie sich gefühlt, als sie die Dinge gesucht und dann gefunden haben?
Sie können die Naturverbundenheit der Kinder stärken und sie noch mehr begeistern, indem Sie zu den gesuchten Dingen etwas Interessantes erzählen. Hier ein paar Möglichkeiten:

- Eichen werden durchschnittlich 500 Jahre alt. Die älteste Eiche Europas steht in Bulgarien und ist 1700 Jahre alt.
- Grauhörnchen können von Ast zu Ast drei Meter weit springen. (Mehr zu Eichhörnchen und Eichen auf S. 28.)

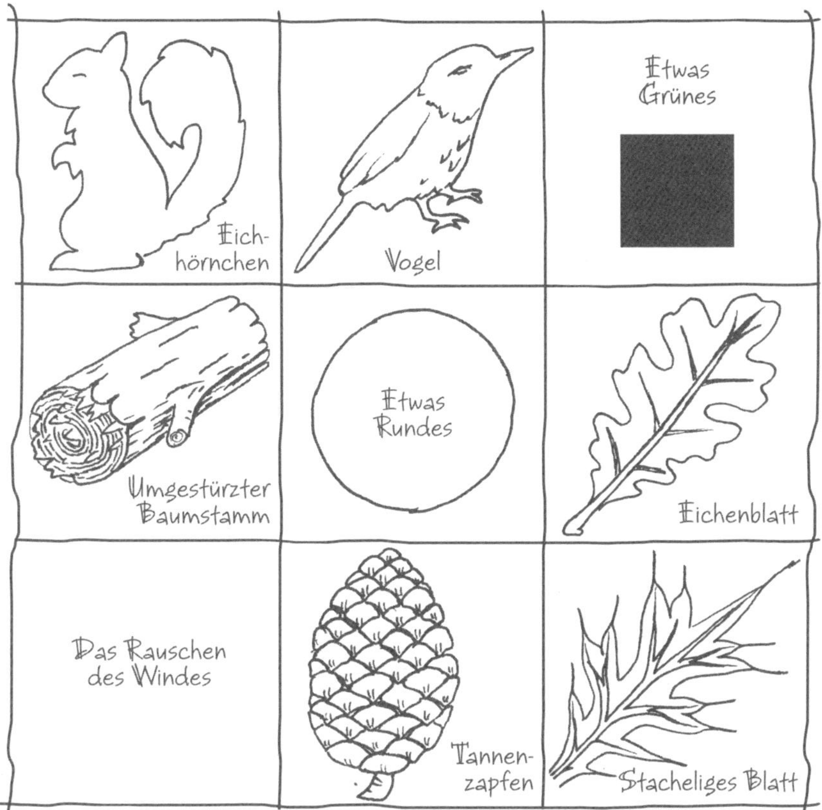

- Manche Pflanzen schützen sich mit stacheligen Blättern vor weidenden Tieren.
- Ein abgestorbener Baumstamm bietet Lebensraum für eine Menge Insekten, Moose, Flechten und Pilze, die wiederum anderen Tieren als Nahrung dienen, wie etwa Vögeln, die besonders gern Insekten fressen.

Erlauben Sie jedem Kind, seine Gedanken auszudrücken, und lassen Sie dem Gespräch seinen natürlichen Lauf.

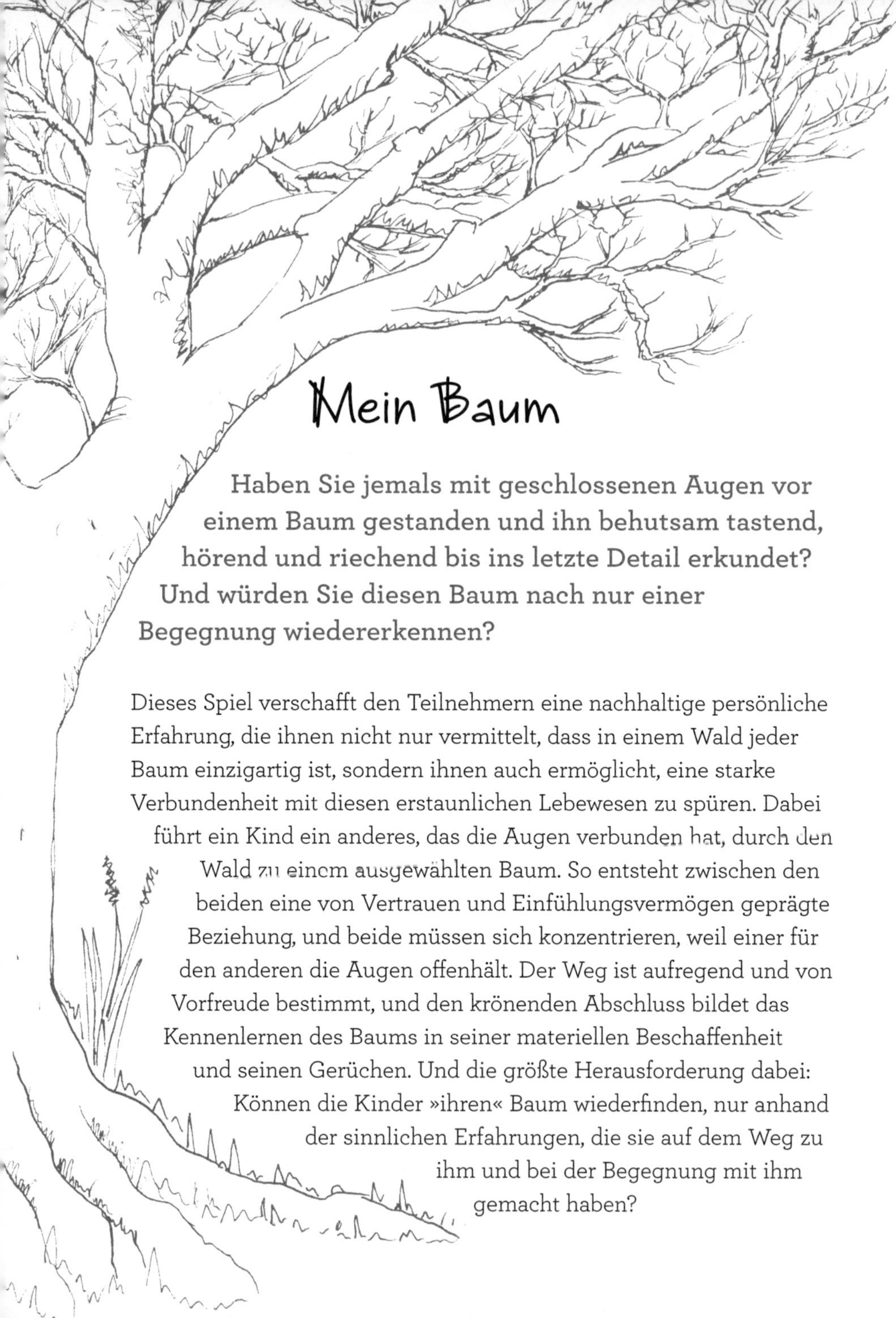

Mein Baum

Haben Sie jemals mit geschlossenen Augen vor einem Baum gestanden und ihn behutsam tastend, hörend und riechend bis ins letzte Detail erkundet? Und würden Sie diesen Baum nach nur einer Begegnung wiedererkennen?

Dieses Spiel verschafft den Teilnehmern eine nachhaltige persönliche Erfahrung, die ihnen nicht nur vermittelt, dass in einem Wald jeder Baum einzigartig ist, sondern ihnen auch ermöglicht, eine starke Verbundenheit mit diesen erstaunlichen Lebewesen zu spüren. Dabei führt ein Kind ein anderes, das die Augen verbunden hat, durch den Wald zu einem ausgewählten Baum. So entsteht zwischen den beiden eine von Vertrauen und Einfühlungsvermögen geprägte Beziehung, und beide müssen sich konzentrieren, weil einer für den anderen die Augen offenhält. Der Weg ist aufregend und von Vorfreude bestimmt, und den krönenden Abschluss bildet das Kennenlernen des Baums in seiner materiellen Beschaffenheit und seinen Gerüchen. Und die größte Herausforderung dabei: Können die Kinder »ihren« Baum wiederfinden, nur anhand der sinnlichen Erfahrungen, die sie auf dem Weg zu ihm und bei der Begegnung mit ihm gemacht haben?

Für uns entstehen die schönsten Momente, wenn das Kind, das die Rolle des Führers eingenommen hat, aufgeregt herumhüpft und das andere seinen Baum sucht, wenn die Kinder sich darüber freuen, ihren Baum gefunden zu haben, und wenn sie voller Staunen den Wald in einem neuen Licht sehen. Unvergessliche Erlebnisse!

Vorbereitung

Suchen Sie ein Gelände aus, in dem es möglichst wenig niedrig hängende Äste, stacheliges Gebüsch und Unebenheiten im Boden gibt. Legen Sie vor Spielbeginn fest, wie weit die Kinder durch den Wald gehen sollen. Bei kleineren Kindern sind etwa 20 Meter angemessen, größere können eine weitere Strecke zurücklegen.

Ort	**Am besten eignet sich ein Laubwald mit vielen verschiedenen Baumarten, aber Sie können überall dort spielen, wo es viele verschiedene Bäume gibt, wie etwa in Parks oder Grünanlagen.**
Altersgruppe	**Ab 4 Jahren**
Teilnehmerzahl	**Mindestens zwei (am besten eine gerade Anzahl, um Paare zu bilden)**
Was dabei gefördert wird	**Bewegung ❁ Sinneswahrnehmung ❁ Konzentration ❁ Naturverbundenheit ❁ Erlebnisfähigkeit ❁ Schlussfolgerung ❁ Selbstvertrauen ❁ Teamarbeit ❁ Einfühlungsvermögen ❁ Bewusstsein für den Wald als Lebensraum**
Ausrüstung	**Ein Baumwollschal oder eine andere Augenbinde pro Team**

Erste Schritte

Jeweils zwei Kinder bilden ein Team und entscheiden, wer als erstes die Augenbinde trägt und wer die Rolle des Führers übernimmt. Der Führer sucht einen Baum aus und geleitet seinen Partner, der die Augen verbunden hat, dorthin. Die Paare können alle gleichzeitig losgehen oder einzeln, während die anderen zusehen. Ermahnen Sie die Führer, ihre Partner behutsam zu behandeln!

Und los!

Die Führer geleiten ihre Partner mit langsamen, regelmäßigen Schritten durch den Wald und helfen ihnen, Hindernissen aus dem Weg zu gehen. Jeder Führer sucht einen Baum aus, der seiner Ansicht nach etwas Besonderes ist, und legt die Hände seines Partners auf den Stamm, sodass dieser ihn erforschen kann.

Die Führer können ihren Partnern bei der Erkundung des Baumes helfen, indem sie Fragen stellen. Zum Beispiel: »Fühlt sich die Rinde weich an, oder eher rau und schroff? Fühlt sich der Baum wie ein lebendiges Wesen an? Hat er einen bestimmten Geruch? Kannst du Pflanzen spüren oder riechen, die auf ihm wachsen? Wirkt er groß oder klein? Entdeckst du irgendwo Äste oder Blätter? Ragen die Wurzeln aus der Erde heraus?«

Nach der Erkundung des Baums bringen die Führer ihre Partner zum Ausgangspunkt zurück, wobei sie Umwege machen sollten, um das Auffinden des Baumes ein wenig zu erschweren. (Kleinen Kindern kann man es erleichtern, indem man denselben Weg zurückgeht.) Dann nehmen die Kinder die Augenbinde ab und versuchen, ihren Baum wiederzufinden! Wenn sie ihn ausfindig gemacht haben, werden die Rollen getauscht. Jetzt legen die Führer die Augenbinde an!

Tipp:

Wenn ein Kind Schwierigkeiten hat, seinen Baum zu finden, helfen Sie ihm mit Hinweisen wie »Heiß!«, wenn es sich ihm nähert, und »Kalt!«, wenn es sich entfernt.

Abschluss

Ermuntern Sie die Kinder, über ihre Erfahrungen zu sprechen und darüber nachzudenken, wie sie ihren Baum gefunden haben. Wie verhält sich das, was sie gespürt haben, zu dem, was sie gesehen haben? Sie können entsprechende Fragen stellen, wie etwa: »Seid ihr auf irgendetwas getreten, an dem ihr euch bei der Suche nach eurem Baum orientieren konntet? Was war am schwierigsten? Warum? Welche Eigenschaft des Baumes hat euch am meisten geholfen, ihn zu erkennen? Was ist euch als Erstes aufgefallen, als ihr ihn dann erkannt habt?« Erklären Sie den Kindern, dass der Geruchssinn eng mit dem Erinnerungsvermögen verknüpft ist. Hat er ihnen geholfen, ihren Baum zu finden?

Wenn Sie gemeinsam die Bäume bestimmen, lernen die Kinder die Natur besser kennen und fühlen sich vertrauter mit diesen beeindruckenden Lebewesen. Wenn Sie den Wald wieder verlassen, halten Sie unterwegs Ausschau nach anderen Exemplaren dieser Arten. Sprechen Sie mit den Kindern darüber, was Bäume uns alles geben: Abgestorbenes, trockenes Holz ist ideal zum Feuermachen, manche Baumarten tragen essbare Früchte und Nüsse, an heißen Tagen spenden Bäume Schatten, aus Zellstoff wird Papier hergestellt und Bauholz wird bei der Errichtung von Gebäuden verwendet. Die wichtigste Funktion der Bäume besteht jedoch darin, dass sie die Luft rein halten, indem sie Sauerstoff produzieren und über die Blätter Schadstoffe absorbieren. Und durch ihre Wurzeln wirken sie der Erosion des Bodens entgegen. Bäume stellen einen Lebensraum für viele Tier- und Pflanzenarten dar. Sie erfreuen uns nicht nur mit ihrem Anblick, sondern wir brauchen sie zum Überleben!

Das fotografische Gedächtnis

Bei diesem Spiel geht es meist recht lebhaft zu, wenn die Kinder herumlaufen und die Dinge suchen, die sie zuvor »fotografiert« haben. Sie nutzen dabei ihre Energie, sammeln ihre Konzentration und entwickeln Aufmerksamkeit und Interesse für die sie umgebende Natur. Und natürlich trainieren sie dabei ihr Gedächtnis!

Alle Spieler stellen sich vor, sie wären eine Kamera, und merken sich das Bild der Naturobjekte, die ihnen gezeigt werden. Indem die Kinder die Objekte genau betrachten, sie bestimmen und anschließend in der Umgebung gleichartige Gegenstände suchen, lernen sie diese unmittelbar kennen, erleben eine spürbare Verbundenheit mit ihnen und lernen die Natur zu schätzen und zu respektieren. Die Fähigkeit, Ähnlichkeiten und Unterschiede zu erkennen und Dinge einander zuzuordnen, ist auch auf anderen Gebieten hilfreich, in jungen Jahren etwa beim Erlernen des Alphabets und später beim Schreiben und Rechnen. Und wie bei vielen anderen Aufgaben entwickeln die Kinder dabei Eigenständigkeit und Selbstvertrauen. Immer wieder beobachten wir, dass dieses Spiel auch die Kameradschaft fördert – wenn die Kinder eines der gesuchten Objekte gefunden haben, freuen sie sich und verkünden lauthals ihren Erfolg!

Vorbereitung

Sammeln Sie am Spielort fünf bis zehn häufig vorkommende Objekte, wie etwa Steine, Tannenzapfen, Zweige, Nussschalen oder Grashalme (nur keine seltenen oder giftigen Pflanzen). Achten Sie darauf, dass die Kinder nicht sehen, was Sie sammeln. Wenn die Kinder kleiner sind, genügen fünf Objekte. Dann können sie sich die Dinge leichter merken und sie finden und sind nicht so schnell frustriert.

Platzieren Sie die Dinge auf einer Decke und legen Sie eine zweite Decke darüber. Erklären Sie den Kindern, sie sollen sich vorstellen, sie wären eine Kamera. Wenn Sie die obere Decke wegnehmen, sollen sie dreißig Sekunden lang wie durch ein Objektiv auf die Gegenstände schauen, die sie dann sehen können. Anschließend sollen sie die Augen schließen (als würden sie auf den Auslöser drücken!) und sich alles, was sie gesehen haben, wie auf einem Foto einprägen.

Ort	**Ein Ort, an dem es viele unterschiedliche Arten von Pflanzen, Bäumen, Vögeln und anderen Tieren gibt**
Altersgruppe	**Ab 5 Jahren**
Teilnehmerzahl	**Mindestens zwei (einschließlich eines Erwachsenen)**
Was dabei gefördert wird	**Gedächtnis ❁ Wiedererkennungsvermögen/ Denken in Kategorien ❁ Konzentration ❁ Bewegung ❁ Naturverbundenheit ❁ Teamarbeit**
Ausrüstung	**→ Zwei Decken, die groß genug sind, um zehn Dinge daraufzulegen → Eine kleine Tasche pro Spieler/Team (die Fundstücke können aber auch in der Hand getragen werden)**

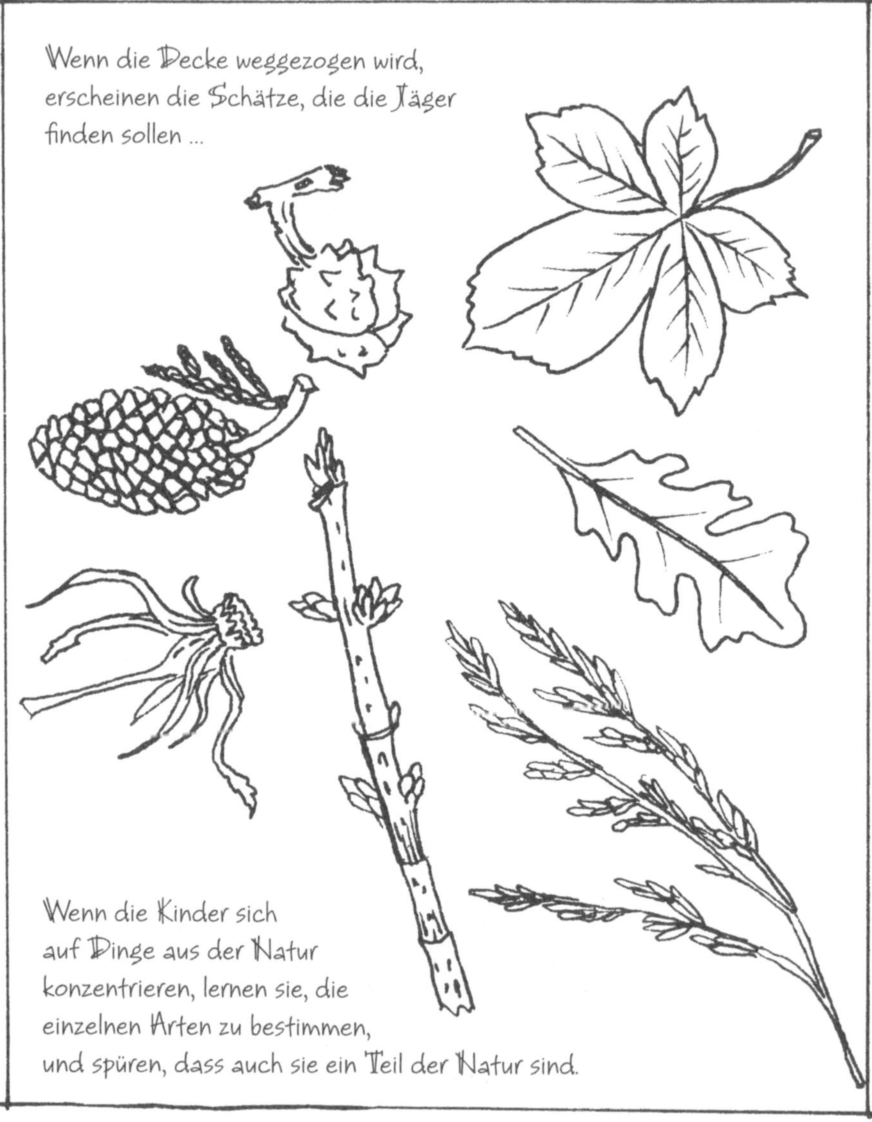
Wenn die Decke weggezogen wird,
erscheinen die Schätze, die die Jäger
finden sollen ...
Wenn die Kinder sich
auf Dinge aus der Natur
konzentrieren, lernen sie, die
einzelnen Arten zu bestimmen,
und spüren, dass auch sie ein Teil der Natur sind.

Erste Schritte

Ziehen Sie die obere Decke weg, sodass die Kinder sämtliche Dinge gut im Blick haben. Decken Sie nach dreißig Sekunden alles wieder zu. Jetzt schließen die Kinder die Augen und machen ein »Foto«, das sie sich gut einprägen.

Und los!

Mit dem inneren Bild vor Augen ziehen die Kinder los und suchen nach den Dingen, die sie »fotografiert« haben. Wenn sie Taschen dabeihaben, können sie sie darin sammeln. Rufen Sie nach zehn bis zwanzig Minuten alle Spieler zurück. Dann legen die Kinder ihre Fundstücke vor den zugedeckten Dingen auf den Boden. Holen Sie jetzt die Dinge eines nach dem anderen unter der Decke hervor, halten Sie sie hoch und fragen Sie die Kinder, ob sie etwas Ähnliches gefunden haben.

Abschluss

Sprechen Sie über jedes Ding: Was ist es und woher stammt es? Erörtern Sie, was es so einzigartig macht, wofür Menschen oder Tiere es verwenden können, und gegebenenfalls, wie wir nachhaltig damit umgehen können. Anhand von Gräsern können Sie zum Beispiel erklären, dass eine Wiese, die einen Lebensraum für zahlreiche Arten darstellt, erhalten werden kann, indem man sie regelmäßig mäht und dadurch vermeidet, dass sie zu Wald wird.

Ermuntern Sie die Kinder, wenn sie noch einmal losziehen und Dinge suchen wollen, die sie beim ersten Mal nicht gefunden haben. Sie können das Spiel auch wiederholen. Das trainiert das Gedächtnis und die Konzentrationsfähigkeit.

Kunst und Handwerk in der Natur

Heutzutage spielen die meisten Kinder in der Regel mit vorgefertigtem Plastikspielzeug oder bewegen sich in den virtuellen Welten von Computerspielen. Dabei bleibt wenig Raum für Fantasie. In diesem Kapitel machen wir Vorschläge für künstlerische und handwerkliche Tätigkeiten, bei denen die Kinder ihren Ideen und ihrer

Kreativität freien Lauf lassen können. Beschaffenheit und Aussehen eines jeden Objektes hängen ganz von seinem Schöpfer ab, und diese einzigartigen Kunstwerke öffnen Raum für Fantasiewelten, Rollenspiele und das Erzählen von Geschichten. Die Möglichkeiten sind zahllos, so wie die schöpferische Kraft eines jeden Kindes grenzenlos ist.

Die Arbeit mit den natürlichen Materialien, die auf dem Waldboden zu finden sind, fördert Geduld, Zielstrebigkeit, Konzentration und Verantwortungsbewusstsein. Die Kinder sind stolz, wenn sie etwas Neues lernen, wie etwa den Gebrauch von Werkzeugen bei der Herstellung von Schmuck oder den Bau von Pfeil und Bogen. Jeder kann mitmachen, die Kinder bestimmen selbst, was sie tun, und haben immer ein Erfolgserlebnis. Die Symbiose von Kunst, Handwerk und Natur hat etwas Magisches und Befreiendes, und stärkt Selbstwertgefühl und Eigenständigkeit.

Diese Tätigkeiten fördern die Naturverbundenheit der Kinder, weil diese sowohl die Umwelt unmittelbar erleben als auch viel über Naturkunde, Geschichte und Traditionen lernen. Die Natur spricht ein uraltes Bedürfnis in uns allen an, und wenn Kinder sich in natürlicher Umgebung in kreative Tätigkeiten versenken, können sie dabei ihre Gedanken und Gefühle auf eine Weise erleben, zum Ausdruck bringen und gestalten, wie es in anderen Umgebungen nicht möglich wäre.

Der Zauberstab

Was gibt es Magischeres als einen Zauberstab? Er ist ein uraltes Symbol und unverzichtbares Attribut zahlreicher mythischer Fabelwesen. Kein anderes Ding besitzt so weitreichende magische Kräfte wie ein Zauberstab, und viele Geschichten erzählen davon, wie Zauberstäbe Menschen in Tiere verwandeln, Gegenstände an andere Orte versetzen oder verschwinden lassen, und von vielen weiteren Kunststücken. Auf alle Feen, listige Hexen und griesgrämige Zauberer wartet eine Welt der Verwünschungen, Zaubersprüche und Verwandlungen!

Manche Zauberstäbe sind aus Kristallglas, andere aus Metall. In unserer Waldschule sind sie natürlich aus Holz – einem äußerst symbolträchtigen Material. Im keltischen Ogham-Alphabet (Beispiele siehe unten) sind einzelne Buchstaben bestimmten landestypischen Bäumen zugeordnet, und jedem Baum werden bestimmte Kräfte und Eigenschaften zugeschrieben. Die Weißbirke etwa steht für Veränderung und Neuanfang. Sie ist einer der ersten Bäume, die sich auf Wiesen ansiedeln, und weil sie nur schwach belaubt ist, können in ihrer Nähe auch andere Pflanzen wachsen. Ihre Blätter und Zweige fallen zu Boden und liefern der Erde Nährstoffe, sodass dort die Samen anderer Pflanzen und langlebigerer Bäume wie etwa der Eiche austreiben und eine leere Wiese in einen majestätischen

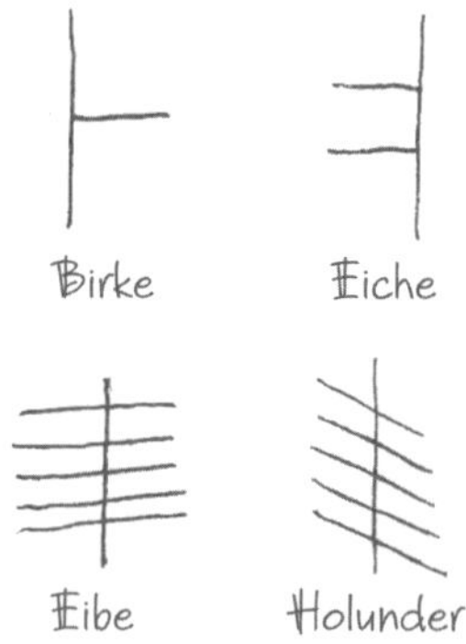

Wald verwandeln. Die imposante und langlebige Eiche dagegen ist ein Symbol für Stärke, Standhaftigkeit und Mut. Eiben werden sogar noch älter als Eichen und stehen für Tod und Wiedergeburt. Sie verfolgen eine bemerkenswerte Überlebensstrategie: Im Alter von etwa 800 Jahren verrotten sie von innen her, treiben gleichzeitig aber neue Äste aus, die nach unten wachsen und neue Wurzeln bilden. In Skandinavien glaubte man, Eiben würden vor Hexerei schützen, während sie in anderen Regionen als Wohnort von Feen galten. Das Wissen über das Ogham-Alphabet und über Sagen rund um Bäume kann dabei helfen, dem eigenen Zauberstab eine bestimmte Bedeutung zu verleihen. So lässt sich etwa aus einem Birkenzweig ein Zauberstab basteln, der die Macht der Verwandlung besitzt.

Ort	**Ein Ort in der Natur mit vielen verschiedenen Baumarten. Ein Wald ist ideal, aber auch ein Park oder eine Grünanlage, wo sich herabgefallene Zweige finden, eignen sich gut.**
Altersgruppe	**Ab 4 Jahren**
Was dabei gefördert wird	**Einbildungskraft ❁ feinmotorische Fähigkeiten ❁ Bestimmen von Bäumen ❁ Kreativität ❁ Wissen über Mythologie und Brauchtum ❁ Kommunikation ❁ Selbstvertrauen ❁ Naturverbundenheit**
Ausrüstung	**→ Zweige (wenn vor Ort auf dem Boden keine zu finden sind) → Farbige Wolle, am besten in vier oder fünf verschiedenen Farben → Schere (wahlweise)**

Bei der Auswahl des Zweiges für den Zauberstab lernen die Kinder, die Bäume zu bestimmen, und entwickeln ein Gefühl der Verbundenheit mit der Natur. Das Gestalten und Schmücken des Zauberstabs ist ein schöpferischer Prozess, der Kommunikation und feinmotorische Fähigkeiten fördert, darüber hinaus das Selbstvertrauen stärkt und vor allem die Fantasie anregt.

Vorbereitung

Erzählen Sie den Kindern davon, dass in früheren Zeiten alle Völker auf der Welt glaubten, Bäume besäßen besondere Kräfte. In einem Zauberstab aus Holz bündeln sich die Kräfte des jeweiligen Baums, und seine magischen Fähigkeiten gehen auf seinen Träger über. Wie werden die Kinder ihre Zauberstäbe einsetzen, und wer werden sie dabei sein?

Erste Schritte

Jedes Kind sucht sich einen Zweig, der sich gut als Zauberstab eignet. Das kann ein Zweig von einem Baum sein, der der Sage nach besondere Kräfte besitzt, oder einfach nur ein Zweig, der seinem neuen Besitzer gut gefällt und für den dieser sich selbst bestimmte Kräfte ausdenkt. (Falls jemand seinen Zauberstab aus einem Zweig der magischen Eibe anfertigen will, erinnern Sie die Kinder daran, dass die Eibe für Menschen giftig ist.) Windungen und knorrige Astlöcher im Holz verleihen jedem künftigen Zauberstab einen besonderen Charakter. Außerdem sammeln die Kinder natürliche Objekte, mit denen sie ihre Zauberstäbe schmücken. Sie können dafür alles verwenden, was sie auf dem Waldboden finden, wie etwa Federn, Blätter und Samen (nur nichts von giftigen oder seltenen Pflanzen).

Ein Wollfaden lässt sich in Schlaufen oder kreuz und quer über den Zweig wickeln. Vielleicht verfügt ja auch jede einzelne der Farben über eine besondere Kraft ...

Und los!

Sobald alle einen Zweig und Material zum Dekorieren gefunden haben, sucht sich jeder ein paar bunte Wollfäden aus, mit denen er den Schmuck an seinem Zauberstab festbindet, am besten mit einem doppelten Überhandknoten (siehe S. 96). Ein um den Stab gewickelter Wollfaden trägt ebenfalls zu dessen Einzigartigkeit bei. Befestigen Sie, wiederum mit einem doppelten Überhandknoten, ein Ende des Fadens am Zweig (kleinere Kinder brauchen hierbei wahrscheinlich Hilfe) und wickeln ihn um den Zweig herum, bis das lose Ende die gewünschte Länge hat. Dort können Sie dann eines der Schmuckobjekte anbringen. Die individuelle Gestaltung des eigenen Zauberstabes bestimmt jeder für sich.

Jetzt ist es Zeit, die Welt zu verzaubern! Mögen die magischen Kräfte wirken!

Abschluss

Lassen Sie die Kinder reihum ihre Zauberstäbe beschreiben. Über welche magischen Kräfte verfügen sie? Welche Elemente spenden diese Kräfte? Wie fühlt es sich an, einen Zauberstab in der Hand zu halten?

Mit Bezug auf die unterschiedlichen Zweige können Sie darüber sprechen, welche typischen Eigenschaften der jeweilige Baum besitzt. Birken zum Beispiel haben eine weiße Rinde, wodurch sie inmitten anderer Bäume des Waldes leicht zu erkennen sind. Können die Kinder die Bäume ausfindig machen, von denen ihre Zweige stammen?

Fragen Sie die Kinder, welche Figuren mit Zauberstab sie aus Büchern oder Filmen kennen. Welche magischen Kräfte haben sie? Werden diese eingesetzt, um Gutes zu tun, oder um Unheil zu stiften?

Schlammgesichter

Was gibt es Schöneres, als mit den Händen im schmatzenden Schlamm zu wühlen? Aus Schlamm ein Gesicht zu formen, ist ein herrlich schmutziges Spiel. Mit ein wenig Fantasie lassen sich dadurch Bäume mit fremdartigen Bewohnern bevölkern, und der Wald erwacht auf völlig neuartige Weise zum Leben.

Wenn Kinder die beiden Elemente Erde und Wasser vermischen, um daraus ein Schlammgesicht zu formen, entspricht das ihrem angeborenen Interesse, Stoffe zu erforschen und herauszufinden, welche Eigenschaften sie besitzen und wie sie miteinander reagieren. Dabei wird die Kreativität gefördert, die Kinder erwerben Wissen über die Natur und verfeinern ihre Sinne, die Kommunikation wird angeregt, der schöpferische Prozess stärkt das Selbstvertrauen – und die Kinder können sich nach Herzenslust schmutzig machen! Studien haben gezeigt, dass die Möglichkeit, sich schmutzig zu machen, einen wichtigen Beitrag zur kognitiven Entwicklung von Kindern leistet. Darüber hinaus kräftigt es die Gesundheit: Wenn Kinder auf sichere Weise in Kontakt mit den natürlichen Organismen des Bodens kommen, stärkt das ihr Immunsystem und sie werden weniger anfällig für Krankheiten.

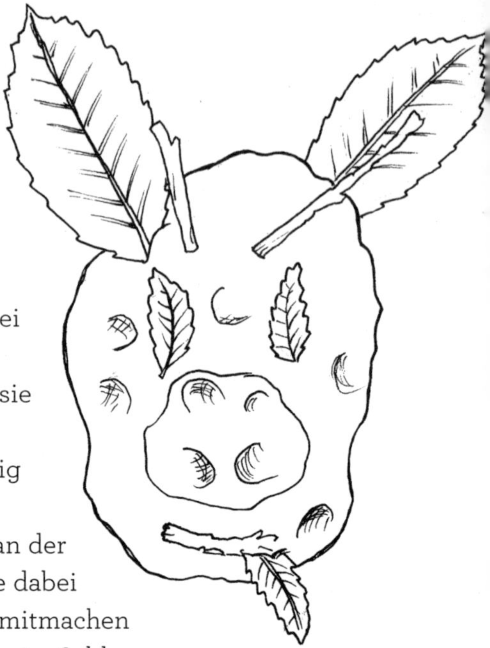

Für einige Kinder ist dieses Spiel vielleicht die erste Gelegenheit, nach Lust und Laune im Matsch herumzutollen. Manche haben dabei einen Riesenspaß, andere sind anfangs noch zögerlich. Wenn Sie sie regelmäßig ermuntern und Ihnen sagen, dass sie sich ruhig schmutzig machen dürfen, hilft ihnen das, die Scheu zu überwinden und Freude an der Sache zu finden. Wenn Erwachsene dabei sind, sollten auch diese begeistert mitmachen und ihre Bedenken, was das Spielen im Schlamm angeht, hintanstellen – die Kinder waschen sich im Anschluss gründlich die Hände.

Bei diesem Spiel erkunden die Kinder ihre natürliche Umgebung und entwickeln eine Verbundenheit mit ihr, ob sie nun nach Gräsern oder Farnen suchen, aus denen ein Haarschopf wird, nach Steinen für die Zähne oder nach Nüssen für die Augen. Das Anrühren des Schlamms und das Formen der Gesichter entführen die Kinder in das Reich der Fantasie und der Magie. Bei jedem Schritt können sie ihre Vorstellungs- und Ausdruckskraft voll entfalten. Eine herrlich schöpferische und befreiende Tätigkeit!

Vorbereitung

Fragen Sie die Kinder nach ihren Ideen. Wollen sie das Gesicht eines Baumes, eines Tieres oder eines Insekts formen? Soll es jemanden darstellen, den sie kennen, eine Figur aus einer konkreten Geschichte oder eine Fantasiegestalt, die sie sich selbst ausgedacht haben? Soll es große oder kleine Augen haben? Vielleicht hat es ja auch mehr als zwei Augen! Wie sehen seine Ohren aus? Sind seine Haare strubbelig oder glatt – oder hat es gar keine Haare? Vielleicht wird aus dem Gesicht auch ein Wesen mit Armen, Händen, Beinen und Füßen!

Erste Schritte

Wenn jeder gesagt hat, wie er sich sein Schlammgesicht vorstellt, gehen alle los und suchen Material. Eicheln und Kastanien können

Ort	**Ein Ort in der Natur mit Erdboden und Bäumen. Ein Wald bietet die beste Atmosphäre.**
Altersgruppe	**Ab 2 Jahren**
Was dabei gefördert wird	**Fantasie ❁ Sinneswahrnehmung ❁ feinmotorische Fähigkeiten ❁ naturkundliches Wissen ❁ künstlerische Fähigkeiten ❁ Kreativität ❁ Kommunikation ❁ Einfühlungsvermögen ❁ Naturverbundenheit ❁ Selbstvertrauen**
Ausrüstung	**→ Wasserdichte und schmutzabweisende Kleidung → Passende Schuhe → Eine Kelle oder ein kleiner Spaten pro Kind → Ein kleiner Eimer oder irgendein anderer wasserdichter Behälter pro Kind → Wasser (um den Schlamm anzurühren) → Seife und sauberes Wasser (zum anschließenden Händewaschen) oder eine Menge feuchte Tücher, um den Weg bis zum nächsten Wasserhahn zu überbrücken!**

als Augen dienen, Blätter als Ohren und Zweige als Mund. Kleine Federn sind ideal als Haare. Vielleicht entscheiden sich die Kinder aber auch für etwas völlig anderes. Jeder sucht sich das, was ihm gefällt! (Mit Ausnahme seltener oder giftiger Pflanzen.)

Wenn die Kinder alles gesammelt haben, was sie brauchen, graben sie mit ihrer Kelle oder ihrem kleinen Spaten durch die Humusschicht ein ca. 5 bis 20 cm tiefes Loch bis hinab in die mulchfreie Zone. Dann füllen sie die Eimer zu einem Viertel mit Erde und geben Wasser hinzu, bis eine klebrige, schlammige Masse mit der Konsistenz von Lehm entsteht. Ob der Schlamm klebrig genug ist, lässt sich an einem Baumstamm testen. Wenn er kleben bleibt, hat er die richtige Beschaffenheit. (Falls nicht, fügen Sie entsprechend Wasser oder Erde hinzu.)

Und los!

Jeder sucht sich einen Baum für sein Schlammwesen, nimmt eine gute Handvoll Schlamm aus seinem Eimer und formt daraus eine Kugel. Jüngere Kinder mit kleinen Händen brauchen eventuell Hilfe, um eine ausreichend große Kugel zu formen. Dann klatscht jeder seine Kugel kräftig an den Baumstamm und drückt die Ränder fest, sodass der Matschklumpen fest auf der Rinde sitzt.

Sobald der Schlammklumpen festen Halt hat, kann sich der Zauber der Kreativität voll entfalten! Jedes Kind gestaltet ganz nach den eigenen Vorstellungen ein Gesicht oder eine Figur. Dabei entstehen Aliens, Feen, Roboter, Tiere und alle möglichen schaurig-schönen Gestalten, jede von ganz eigenem lebhaftem Ausdruck und mit absonderlichen Gesichtszügen.

Abschluss

Wenn die Kinder über ihre Figuren sprechen wollen, ermutigen Sie sie ruhig. Jeder kann berichten, während die anderen zuhören. Dabei sind der Fantasie keine Grenzen gesetzt. Lassen Sie die Kinder die natürlichen Materialien, die sie verwendet haben, benennen und beschreiben. Wo haben sie sie gefunden? Warum haben sie sie ausgewählt?

Denken Sie daran, sich von allen Gesichtern zu verabschieden, bevor Sie gehen. Bei trockenem Wetter können Schlammgesichter mehrere Tage halten. Vielleicht statten Sie ihnen ja noch einmal einen Besuch ab!

Kopfschmuck aus der Natur

Ob im alten Ägypten oder in den Urwäldern und Steppen Afrikas und Amerikas – seit ewigen Zeiten und in allen Regionen der Welt tragen Stammesoberhäupter, Schamanen, Könige und Königinnen zeremoniellen Kopfschmuck. Auch bei Festlichkeiten wie etwa Karneval ist häufig üppiger Kopfputz zu sehen. Aber auch ein schlichter Schmuck wie ein Blumenkranz oder eine Krone aus herbstlichem Laub kann seinen Träger in einen ehrwürdigen Monarchen, einen Waldgeist oder ein anderes Fabelwesen verwandeln.

In der Natur ist alles zu finden, was man für einen Kopfschmuck braucht. Eicheln und kleine, wohlgeformte Steine können dabei als Juwelen fungieren, Blätter, Blumen und Federn verleihen dem Kopfschmuck Farbenpracht, und dünne Zweige geben ihm Form und Stabilität. Wenn die Kinder herumlaufen und derlei Verzierungen suchen, können sie sich dabei nicht nur austoben, sondern fördern damit auch ihre Fantasie, ihre Kreativität und ihr künstlerisches Gespür. Wenn sie die natürlichen Objekte auf ihre Verwendungsmöglichkeiten hin untersuchen, schärft das die Beobachtungsgabe und weckt Neugier. Beim Basteln des Kopfschmucks sind feinmotorische Fähigkeiten gefragt, und die fertigen Kunstwerke – allesamt einzigartig – regen zu Rollenspielen an und stärken die Selbstachtung ihrer Schöpfer. Das Gespräch über die künstlerischen Entscheidungen, die jedes Stück geprägt haben, fördert die Kommunikation und kann sogar in eine anspruchsvolle Diskussion über Kunst und Symbolik münden. Das Basteln von natürlichem Kopfschmuck regt also in jeder Phase die Erfindungsgabe an, macht großen Spaß und kann zu so mancher Art von zauberischem Treiben führen.

Vorbereitung

Jedes Kind sucht sich einen Kartonstreifen aus. Nehmen Sie Maß, um sicherzustellen, dass der Streifen auf den Kopf passt, und schneiden Sie überstehendes Material ab (bis auf ein kleines Stück). Ältere Kinder können sich den Streifen selbst anpassen. Schneiden Sie entsprechende Stücke doppelseitiges Klebeband zurecht und kleben Sie sie entlang der Mitte auf die Streifen. Kleinere Kinder brauchen bei der richtigen Platzierung des Klebebands vielleicht

Ort	**Ein Wald bietet besonders viel dekoratives Material. Aber auch jede andere natürliche Umgebung, in der natürliche Objekte zu finden sind, ist geeignet.**
Altersgruppe	**Ab 3 Jahren**
Was dabei gefördert wird	**Kreativität ❁ Fantasie ❁ Konzentration und Neugier ❁ feinmotorische Fähigkeiten ❁ Bewegung ❁ Kommunikation ❁ Selbstwertgefühl ❁ Sinneswahrnehmung**
Ausrüstung	**→ Streifen aus Karton in verschiedenen Farben; 8 bis 10 cm breit und so lang, dass sie um die Köpfe der Kindern reichen → Schere → Doppelseitiges Klebeband → Tacker/einseitiges Klebeband**

Hilfe, aber lassen Sie sie es zunächst einmal selbst versuchen. Ziehen Sie die Schutzfolie des Klebebandes erst ab, wenn die Kinder die Schmuckobjekte befestigen.

Erste Schritte

Sprechen Sie mit den Kindern darüber, welche dekorativen Gegenstände sie in der Natur finden und an ihrem Kopfschmuck anbringen können. Erinnern Sie sie daran, möglichst nur das zu sammeln, was auf dem Boden liegt, und keine seltenen oder giftigen Pflanzen zu pflücken. Entfernen Sie dann die Schutzfolie von den Klebestreifen.

Und los!

Alle Kopfschmuckbastler machen sich nun auf die Suche nach schmückenden Objekten und kleben die Blumen, Knospen, Blätter und anderen Dinge, die sie finden, an die Kartonstreifen, die sich allmählich in prächtige Kronen verwandeln. Wenn die kleinen

Kunstwerke fertig sind, werden sie mit einem Tacker oder einseitigem Klebeband zu Ringen geschlossen. Jetzt kann jeder mit Stolz seinen ganz persönlichen Kopfschmuck tragen und dessen Verwandlungskräfte spüren!

Abschluss

Sprechen Sie reihum über jedes der Werke und sagen Sie den Kindern, wie gelungen sie sind. Woher stammen die Dekorationen und welche Funktion hatten sie in der Natur? Haben sie jetzt, als Teil des Kopfschmucks, eine symbolische Funktion? Welches Objekt ist das Lieblingsschmuckstück der Kinder? Wie fühlen sie sich, wenn sie ihre Kronen tragen? In wen oder was verwandeln sie sich dann?

Diese Fragen können zu einem Gespräch darüber führen, was eine Kopfbedeckung alles zum Ausdruck bringen kann. Die Federn im Kopfschmuck eines Indianerhäuptlings zum Beispiel erinnern an dessen gute Taten oder sein mutiges Handeln. Ein Rubin in der Krone eines Königs zeigt an, dass der Träger dem Adelsstand angehört.

Kennen die Kinder auch Tiere, die Kunstwerke herstellen? Erzählen Sie ihnen von den Laubenvögeln, die ausschließlich in Australien und auf Neuguinea vorkommen. Die Männchen dort locken die Weibchen an, indem sie aufwendig gestaltete Nester bauen, die sogenannten Lauben. Diese schmücken sie mit unterschiedlichsten Objekten, die sie in ihrem Lebensraum finden, auf prächtige Art und Weise – mit Blumen, Moos, Häufchen von glänzenden Käferflügeln und sogar weggeworfenen Getränkedosen. Auch das, was in unseren Augen Müll ist, kann also Kunst werden!

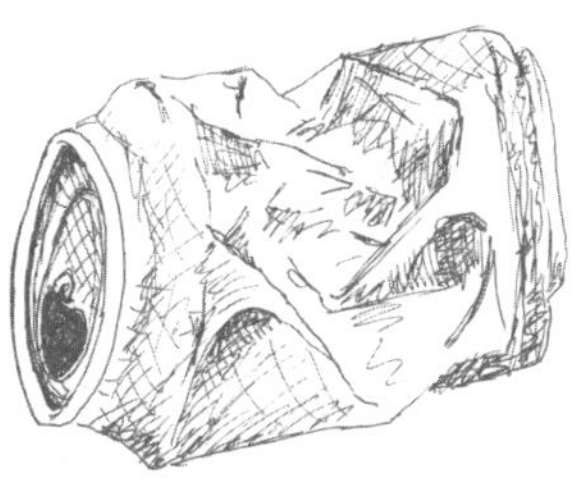

Eiskunst

Wasser ist ein faszinierendes Element! Bei Raumtemperatur ist es flüssig, bei Erhitzung wird es gasförmig, und wenn es gefriert, wird es festes Eis. Zahlreiche Tier- und Pflanzenarten leben im Wasser, und Wasser macht das Leben auf der Erde überhaupt erst möglich – auch das Leben von uns Menschen. Wir trinken es, verwenden es zum Kochen, brauchen es zum Überleben. Außerdem kann man mit Wasser viel Spaß haben, nicht nur beim Schwimmen und Herumtollen, sondern auch bei der Herstellung gefrorener Kunstwerke.

Wenn Wasser zu Eis gefriert, wird es zu einem funkelnden Material, das der Kreativität freien Lauf lässt. Fundstücke von einem Spaziergang durch den Wald oder den Park können in gefärbtem gefrorenem Wasser fixiert werden, aus dem zauberhafte Eiskugeln entstehen oder Eismobiles, mit denen sich Bäume schmücken lassen. Dabei wird sowohl das künstlerische als auch das naturkundliche Interesse der Kinder geweckt. Die angehenden Eiskünstler müssen sich über Form, Größe, Gestalt und sogar Dichte Gedanken machen – manche Dinge schwimmen im Wasser, andere gehen unter. Wenn Sie mit den Kindern über die verschiedenen Behälter für Eiskunst sprechen und sie dabei ermutigen, ihre Werke mit allen Sinnen zu erfahren, stärkt das ihr Erinnerungsvermögen und sie erweitern ihren Wortschatz (ausgehöhlt/flach, rund/eckig, fest/gefroren, flüssig/warm, und so weiter).

Ort	**In jeder natürlichen Umgebung gibt es Objekte, die geeignet sind, um sie in Eis zu fixieren. Im Wald, im offenen Gelände, im Park oder auch im Garten lässt sich unendlich viel finden. Wenn die Temperaturen unter 0 °C fallen, können Sie die Kunstwerke draußen gefrieren lassen. Wenn nicht, brauchen Sie einen Gefrierschrank.**
Altersgruppe	**Ab 4 Jahren**
Was dabei gefördert wird	**Fantasie ❁ Kreativität ❁ Sinneswahrnehmung ❁ Neugier ❁ Selbstständigkeit ❁ Konzentration ❁ Bewusstsein für Veränderungen ❁ naturkundliches Wissen ❁ Kommunikation ❁ Wissen über die Jahreszeiten**
Ausrüstung	**→ Für jedes Kind eine kleine Tasche oder ein Behälter zum Sammeln der Objekte → Behälter in verschiedenen Größen, wie etwa Margarine- oder Eiscremedosen, Plastikschälchen, tiefe und flache Backformen etc. → Wasser → Schnur → Schere → Natürliche Lebensmittelfarbe → Luftballone in verschiedenen Farben und Größen**

Wenn im Winter die Wetterverhältnisse dem Thema entsprechen, ist der ideale Zeitpunkt für diese Aktivität. Dabei können die Kinder auch etwas über die Jahreszeiten lernen und diese spezielle Jahreszeit für sich entdecken. Wenn Sie einen Gefrierschrank zur Verfügung haben, können Sie sich jedoch auch bei wärmeren Verhältnissen an Eiskunst wagen und dann etwa darüber sprechen, dass Eis in der Sonne deutlich schneller schmilzt. Die fertigen Kunstwerke – funkelnde und glitzernde Eisfiguren – sind in jedem Fall beeindruckend, und wie flüssiges Wasser sich in festes Eis und wieder zurück verwandelt, ist ein magischer Vorgang der Natur, der zu Gedanken über Veränderung anregen kann. Diesen geheimnisvollen Prozess zu beobachten, ist immer wieder eine große Freude.

Vorbereitung

Sprechen Sie mit den Kindern über Wasser und darüber, wie es zu Eis wird. Wissen sie, wie sich die Temperaturen im Winter verändern? Hat jemand schon einmal einen Eiszapfen gesehen? Wie sieht eine Schneeflocke aus? Kundigen Sie den Kindern an, dass sie einen magischen Vorgang erleben werden. Sie werden Fundstücke aus der Natur sammeln und in Behälter mit Wasser geben, sie werden gefärbtes Wasser in Luftballone füllen – und alles wird sich zu Eis verwandeln! Bereiten Sie sie darauf vor, dass sie Geduld haben müssen. Die Skulpturen, die sie erschaffen, werden erst dann fertig sein, wenn das Wasser gefroren ist.

Zeigen Sie den Kindern alle Behälter und Luftballone. Anschließend überlegen sich die Kinder, was für Objekte jeweils in die Behälter passen. Erklären Sie ihnen, dass Wasser sich ausdehnt, wenn es gefriert, und sie daher die Behälter und Luftballone nicht ganz füllen dürfen.

Erste Schritte

Wenn jedes Kind sich eine Tasche oder einen Behälter ausgesucht hat, gehen alle los und sammeln natürliche Objekte wie Zweige, Tannenzapfen, Baumnadeln, leere Fruchtbecher von Eicheln, Bucheckern, Laub, kleine Kieselsteine und Federn, aber auch andere Dinge, die sie zu einem Teil ihrer Kunstwerke machen wollen (mit Ausnahme giftiger oder seltener Pflanzen).

Eismobiles

Und los!

Füllen Sie die Behälter mit Wasser, aber lassen Sie etwas Luft, damit sich das Wasser ausdehnen kann, wenn es gefriert. Die Kinder können die Behälter natürlich auch selbst füllen. Legen Sie dann die gesammelten Objekte hinein. Fragen Sie die Kinder, was sie dabei beobachten. Das Wasser kräuselt sich, manche Dinge schwimmen im Wasser, andere gehen unter.

Schneiden Sie für jeden Behälter ein Stück Schnur zurecht, das lang genug ist, um das fertige Kunstwerk am Ast eines Baumes zu befestigen (oder wo auch immer Sie das Mobile aufhängen wollen). Bilden Sie in der Mitte der Schnur eine Schlaufe und legen Sie diese ins Wasser, sodass die Enden der Schnur aus dem Behälter hängen. Wenn das Wasser gefriert, wird die Schlaufe fixiert. Kleinere Kinder brauchen dabei vielleicht Hilfe, aber lassen Sie sie es zunächst einmal selbst versuchen.

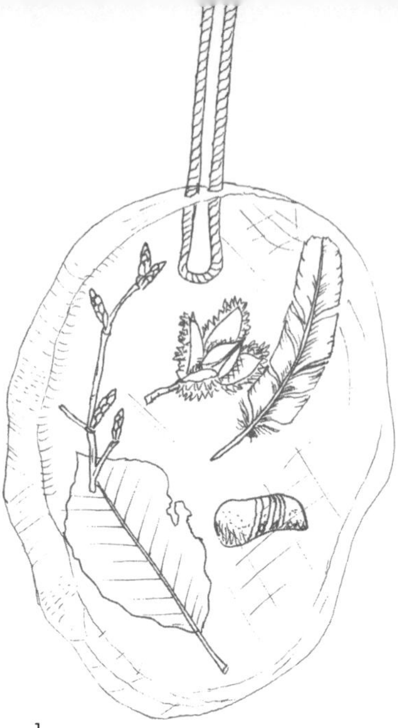

Wenn Sie möchten, träufeln Sie etwas Lebensmittelfarbe in die Behälter. Diese ist zwar nicht gesundheitsschädlich und lässt sich leicht abwaschen, aber wenn das Eis schmilzt, zerläuft sie. Denken Sie daran, wenn Sie den Ort für das Mobile aussuchen!

Stellen Sie die Behälter über Nacht ins Freie – wenn es draußen kalt genug ist – oder in den Gefrierschrank. Holen Sie am nächsten Tag die gefrorenen Kunstwerke aus den Behältern und hängen Sie sie draußen auf. Erfreuen Sie sich daran, wie die kleinen Stillleben aus Eis im Licht funkeln und glänzen!

Eiskugeln

Und los!

Träufeln Sie ein wenig Lebensmittelfarbe in die leeren Luftballons. Mehr Tropfen sorgen für eine intensivere, weniger für eine schwächere Färbung. Wenn Sie die Farbe weglassen, entstehen durchsichtige Eiskugeln.

Füllen Sie die Ballone mit Wasser. Aus wenig Wasser entstehen kleinere Eiskugeln, aus viel Wasser größere. Füllen Sie die Ballone nicht ganz, damit das Wasser sich ausdehnen kann, wenn es gefriert. Knoten Sie dann die Ballone zu. Hierbei benötigen die Kinder vielleicht Hilfe – es braucht Fingerspitzengefühl, damit die Ballone kein Wasser verlieren!

Tipp:

Wenn Sie sich merken wollen, welche Farbe Sie in welchen Ballon gegeben haben, passen Sie die Farben einander an (rote Farbe in einen roten Ballon, grüne in einen grünen). Dann wissen Sie es sofort!

Legen Sie die Ballone anschließend auf ein Tablett und lassen Sie sie über Nacht gefrieren, entweder draußen oder im Gefrierschrank.

Schneiden Sie am nächsten Tag die Knoten in den Ballonen auf und ziehen Sie diese von den Eiskugeln. (Am besten werfen Sie sie auch gleich weg. Gummi zersetzt sich nicht und kann gefährlich werden, wenn es verschluckt wird.) Jetzt können Sie die Eiskugeln im Freien auf den Boden legen. Sprechen Sie mit den Kindern darüber, wie sich die Farben im Eis ausgebreitet haben und wie die Kugeln im Licht glänzen und funkeln.

Beobachten Sie dann, wie die Eiskugeln wieder schmelzen. Bei niedrigen Temperaturen kann das eine Weile dauern. Sprechen Sie mit den Kindern darüber, wodurch der Schmelzvorgang beschleunigt wird. Wenn die Kinder wollen, können Sie die Kugeln auch zum Schmelzen nach drinnen bringen.

Abschluss

Holen Sie alle Kinder zusammen und sprechen Sie mit ihnen über die Eiskunstwerke. Haben sie so ausgesehen, wie die Kinder es erwartet hatten? Was hat ihnen bei der Herstellung am meisten Spaß gemacht? Welches der Kunstwerke hat ihnen am besten gefallen, und warum? Welche Eiskugeln haben das Licht am schönsten eingefangen? Welche Teile des Mobiles sind am schnellsten geschmolzen, und warum?

Sprechen Sie dann ganz allgemein über Wasser: Wo ist es in der Natur zu finden? Warum ist es für Menschen und Tiere notwendig zum Überleben? Warum brauchen Pflanzen Wasser? Welche im Wasser lebenden Tiere kennen die Kinder? Wie atmen diese Tiere?

Sprechen Sie über die Verwandlung des Wassers zu Eis und wieder zurück. Was geschieht dabei? Unter welchen Voraussetzungen gefriert Wasser? Und was muss passieren, damit es wieder schmilzt? Beschreiben Sie die Jahreszeiten, die Wanderung der Sonne über den Himmel, Form und Position der Erde, und wie aus all diesen Faktoren die Jahreszeiten entstehen. Sind die Jahreszeiten überall auf der Welt gleich? Und wenn nicht, woran liegt das? Erklären Sie, dass ständige Veränderung zum Lauf der Natur und auch zum Leben von uns Menschen gehört.

Tipp:

Die farbigen Eiskugeln können auch als Malvorlage dienen. So werden sie zu dauerhaften Kunstwerken!

Pfeil und Bogen

In urgeschichtlichen Zeiten dienten Pfeil und Bogen nicht nur zur Abwehr von Angreifern, sondern waren auch ein wichtiges Instrument der Jagd und sicherten so das Überleben der Menschen. Die Qualität der Bogen und die Effizienz der Pfeilspitzen entschieden darüber, ob ein Stamm genug zu essen hatte oder Hunger leiden musste.

Die Natur bietet alle Materialien, die zur Herstellung von Pfeil und Bogen notwendig sind: Holz für den Bogen selbst sowie den Pfeilschaft, Steine für die Pfeilspitzen, Tiersehnen, um den Bogen zu spannen, Harz als Klebstoff und Vogelfedern zur Stabilisierung der Pfeile im Flug. Da Pfeil und Bogen sowohl der Verteidigung als auch der Jagd dienten, waren sie wichtige und kostbare Waffen, die sorgsam und respektvoll behandelt und denen manchmal große magische Kräfte zugeschrieben wurden. Weil Vögel höher fliegen, als ein Mensch früher je gelangen konnte, glaubten etwa die nordamerikanischen Indianer und die Kelten, dass Federn die Menschen mit dem Reich des Göttlichen verbinden.

Der Bau von Pfeil und Bogen erfordert viel Bewegung! Das Binden von Knoten und das Ausprobieren des Bogens fördert technisches Verständnis, die Kommunikationsfähigkeit und lösungsorientiertes Denken. Darüber hinaus sind Konzentration, Entschlussfähigkeit und Geduld gefragt, und weil die Kinder danach das Gefühl haben, etwas geleistet zu haben, wächst ihr Selbstwertgefühl. Das Bestimmen von

Ort	**Ein Wald ist ideal, geeignet ist aber auch jeder Park oder Garten, der ausreichend groß ist und wo sich abgefallene Zweige finden.**
Altersgruppe	**Ab 4 Jahren**
Was dabei gefördert wird	**Bewegung ❁ feinmotorische Fähigkeiten ❁ Bestimmen von Bäumen ❁ Konzentration ❁ Geduld und Entschlussfähigkeit ❁ Erfolgsbewusstsein ❁ Selbstwertgefühl ❁ Sicherheitsbewusstsein ❁ Umgang mit Werkzeug, Fantasie ❁ Sprachfertigkeit ❁ Naturverbundenheit ❁ historische und mythologische Kenntnisse**
Ausrüstung	**→ Gartenschere (wahlweise) → Taschenmesser → Kartoffelschäler zum Entrinden der Zweige (wahlweise) → Gartenhandschuhe → Gummiband oder Schnur (bei Verwendung von Pfeilen lieber Gummiband)**
Sicherheit geht vor	**Wer auch immer ein Werkzeug benutzt, ein Erwachsener oder ein Kind unter Aufsicht – halten Sie stets die Sicherheitsregeln ein, die auf S. 69 beschrieben werden. Ab welchem Alter ein Kind ein Werkzeug unter Aufsicht benutzen kann, unterscheidet sich stark. Probieren Sie es daher mit jedem Kind einzeln aus. Wenn Sie den Eindruck haben, dass ein Kind ein Werkzeug allein benutzen kann, erlauben Sie es ihm. Alle Kinder sollten jedoch stets aufmerksam von Erwachsenen beaufsichtigt werden.**

Bäumen – sofern dazu Gelegenheit ist – stärkt die Naturverbundenheit, und beim Umgang mit Pfeil und Bogen lernen die Kinder viel über Sicherheit und verantwortungsvolles Handeln. Vor allem aber regt der Bau von Pfeil und Bogen die Fantasie an, weil die Kinder an der Seite von bogentragenden Helden aus Mythologie und Sagenwelt wie der griechischen Jagdgöttin Artemis, Robin Hood und Peter Pan durch die Zeit reisen.

Vorbereitung

Erklären Sie den Kindern, dass bei der Arbeit mit Werkzeugen immer ein gewisser Sicherheitsabstand eingehalten werden muss. Er entspricht der Länge des ausgestreckten Arms desjenigen, der das Werkzeug benutzt. Wenn jemand in diesen Sicherheitsbereich tritt, ruht die Arbeit mit dem Werkzeug, bis der Bereich wieder frei ist. Zeigen Sie den Kindern die scharfen Scherblätter des Taschenmessers und der Gartenschere (falls sie eine verwenden, um Zweige von den Bäumen zu schneiden) und demonstrieren Sie, wie die Werkzeuge funktionieren, wie man sie in die Hand nimmt, um damit sicher und sauber zu schneiden, wie man sie schließt und sichert, und wie man sie gefahrlos transportiert (neben dem Körper, die Spitze nach unten gerichtet, und ohne zu rennen!).

Führen Sie den korrekten Gebrauch des Kartoffelschälers vor: Stellen Sie den Zweig aufrecht auf den Boden, um ihn zu stabilisieren, setzen Sie den Schäler vorn an und arbeiten Sie nach unten. Beim Gebrauch eines Kartoffelschälers oder eines Taschenmessers können Sie mit einem Gartenhandschuh für zusätzlichen Schutz sorgen (allerdings nicht an der Hand, die das Werkzeug führt, weil Sie dadurch nicht mehr so sicher zupacken können).

Schärfen Sie den Kindern ein, dass sie jedes Werkzeug nach Gebrauch einem Erwachsenen zurückgeben müssen, damit dieser es sicher verwahrt. Erklären Sie ihnen, dass sie mit Pfeil und Bogen, auch wenn es nur Spielzeuge sind, vorsichtig umgehen müssen und dass sie nie auf einen Menschen oder ein Tier schießen oder auch nur zielen dürfen.

Erste Schritte

Am Anfang steht die Suche nach Pfeilen und Bogen! Für die Bogen eignen sich am besten dicke Zweige, die gut in der Hand liegen, von Natur aus gebogen und zudem elastisch sind. Das Holz vom Strauch der Haselnuss und von jungen Eschen ist hierfür ideal. Für die Pfeile nehmen Sie am besten kurze, gerade Zweige, die Sie möglichst alle vom Boden aufsammeln. Wenn der Eigentümer Ihnen erlaubt hat, Zweige von Bäumen zu schneiden, verwenden Sie eine Gartenschere und schneiden Sie die Zweige sauber am Ansatz ab, um dem Baum keinen Schaden zuzufügen. Ältere Kinder können das unter Aufsicht eines Erwachsenen auch selbst versuchen.

Und los!

Das Entrinden des Bogens

Als Erstes werden die Bogen gemacht! Wenn die Kinder Lust haben, können sie mit dem Kartoffelschäler die Rinde von ihrem Bogen entfernen, sodass er hell und glatt wird. Kleinere Kinder können diesen Schritt überspringen, oder ein

Tipp:

Bei der Suche nach Zweigen, die als Bogen dienen sollen, lernen die Kinder, Bäume zu bestimmen. Sprechen Sie mit ihnen über die verschiedenen Eigenschaften der Bäume und darüber, was einen Zweig biegsam oder brüchig macht.

Erwachsener übernimmt ihn für sie. Lassen Sie die Kinder in diesem Fall zusehen und erklären Sie ihnen, wie das Entrinden vor sich geht.

Das Spannen des Bogens

Schnitzen Sie mit einem Taschenmesser an den Außenseiten der Bogenenden (gegenüber der Seite, auf der die Sehne verlaufen wird) jeweils eine Kerbe ins Holz. Bewegen Sie dabei das Messer von Ihrem Körper weg. Auch diesen Schritt können ältere Kinder unter Aufsicht selbst durchführen. Jüngere können zusehen und lernen.

Befestigen Sie ein Stück Schnur oder Gummiband in den Kerben und verbinden Sie so die beiden Enden des Bogens. Kleinere Kinder brauchen dabei vielleicht Hilfe, Sie sollten sie aber so viel wie möglich selbst machen lassen. Zeigen Sie ihnen zunächst die einzelnen Schritte und lassen Sie sie dann ausprobieren. Verwenden Sie zum Festbinden doppelte Überhandknoten (siehe S. 96).

Das Schnitzen der Pfeile

Kleinere Kinder, deren Fantasie allein schon durch den Bogen angeregt ist, tollen vielleicht jetzt schon herum, ganz ohne Pfeile. Bei der Herstellung von Pfeilen können Sie mit einem

Schnitzen Sie eine Kerbe in das hintere Ende des Pfeils und zwei weitere in den Bogen, jeweils nahe der Enden.

Umfassen Sie den Bogen fest in der Mitte, wenn Sie ihn spannen. Die Sehne sollte dabei Ihre Faust nicht berühren, sodass sie beim Abschießen des Pfeils nicht auf Ihre Hand trifft.

Kartoffelschäler die Zweige entrinden und ihnen dadurch eine glatte Oberfläche verleihen. Schneiden Sie dazu mit dem Taschenmesser eine Kerbe in das hintere Ende der Pfeile. Darin liegt später die Sehne, wenn der Bogen vor dem Schuss gespannt wird. Die vorderen Enden der Pfeile sollten stumpf und keinesfalls spitz sein! Wenn Sie bestimmte Ziele vorgeben, achten die Kinder stärker darauf, wohin sie schießen (das bietet sich vor allem bei größeren Gruppen an).

Mögen die Spiele nun beginnen! Jubeln Sie ruhig mit, wenn der Pfeil eines Bogenschützen in die Lüfte steigt – und vielleicht sogar sein Ziel trifft!

Abschluss

Über die faszinierende Geschichte von Pfeil und Bogen gibt es unendlich viel zu sagen! Schon in sehr frühen Zeiten wurden sie auf der ganzen Welt zur

Verteidigung und zur Jagd verwendet. Die ältesten bekannten Pfeilspitzen wurden in Südafrika gefunden und sind sage und schreibe 64 000 Jahre alt! In manchen Regionen, wie etwa den Indianergebieten Nord- und Südamerikas, waren Pfeil und Bogen bin ins 19. Jahrhundert die wichtigsten Waffen, und einige indigene Völker benutzen sie noch heute. In Europa werden Pfeil und Bogen seit dem 16. Jahrhundert nicht mehr als Waffen gebraucht, doch ist mittlerweile der Sport des Bogenschießens entstanden, der heute eine olympische Disziplin ist.

Erklären Sie den Kindern den Wortschatz rund um Pfeil und Bogen. Wer weiß, wie die Handwerker heißen, die Pfeil und Bogen herstellen? (Bogenbauer und Pfeilmacher.) Wofür verwendet man einen Köcher? (Zum Transport von Pfeilen.)

Wer weiß, aus welchen Materialien die ersten Pfeile und Bögen waren (siehe S. 67)? Welche Form muss ein Bogen haben, um einen Pfeil optimal abzuschießen? Welche Eigenschaften braucht ein Pfeil, damit er gut fliegt? Wer weiß, welche Bäume die elastischsten Bogen und welche die geradesten Pfeile liefern?

Was gefällt den Kindern an ihren Bogen und Pfeilen am besten? Würden sie sie gern mit etwas schmücken, und wenn ja, warum?

Waldschmuck

Schon seit ewigen Zeiten sammelt der Mensch Dinge aus der Natur und verwendet sie in den verschiedensten Formen als Schmuck. Aus prähistorischer Zeit sind Muscheln, Steine und Knochen erhalten, die diesem Zweck dienten. In einer Höhle in Israel wurden Perlen aus dem Gehäuse von Meeresschnecken gefunden, deren Alter auf 90 000 bis 100 000 Jahre geschätzt wird. Eine Halskette aus Adlerkrallen ist sogar noch älter: rund 130 000 Jahre! Die Herstellung von Schmuck aus natürlichen Materialien reicht also weit in die Vergangenheit zurück.

Wenn Kinder selbst Schmuck herstellen, gehen sie ganz in diesem uralten Kunsthandwerk auf. Dazu sind weder Gold noch Edelsteine erforderlich, nur ein wenig Holz und etwas schmückendes Beiwerk, das leicht auf dem Waldboden zu finden ist, sowie Schnur und ein paar alltägliche Werkzeuge. Diese äußerst kreative Tätigkeit schafft eine meditative Atmosphäre, bei der die Kinder sich ganz auf ihre Arbeit konzentrieren und in ihr versinken können, indem sie auf Details achten und sich mit Farben, Formen und der Beschaffenheit der Objekte auseinandersetzen.

Beim Schneiden, Bohren und Auffädeln der sorgfältig gearbeiteten Teile einer Halskette oder eines Armreifs lernen die Kinder Geduld und Beharrlichkeit, entwickeln ihre feinmotorischen Fähigkeiten und schärfen ihr mathematisches Verständnis (durch die Arbeit mit dreidimensionalen Figuren). Beim Gebrauch von Werkzeugen oder auch nur beim Zusehen entwickeln sie ein Bewusstsein für Gefahren und lernen den korrekten und verantwortungsvollen Umgang mit Werkzeugen.

Was jedoch am wichtigsten ist: Das Entwerfen und Anfertigen eines individuellen Waldschmuckstücks sorgt für Stolz und Selbstwertgefühl!

Ort	**Am besten im Wald – dort gibt es viel natürliches Material zur Herstellung von Schmuck sowie große Baumstämme und Stümpfe, die als Arbeitsfläche dienen können. Wenn Sie schon Material gesammelt haben, eignet sich aber jeder Ort im Freien.**
Altersgruppe	**Ab 4 Jahren**
Was dabei gefördert wird	**Konzentration ❁ Beharrlichkeit ❁ Geduld ❁ Kreativität ❁ feinmotorische Fähigkeiten ❁ Gefahrenbewusstsein (verantwortungsvoller Gebrauch von Werkzeugen) ❁ Sinneswahrnehmung ❁ Selbstvertrauen ❁ Bestimmen von Bäumen**
Sicherheit geht vor	**Bei der Schmuckherstellung werden Werkzeuge zum Schneiden und Bohren verwendet. Wer auch immer ein Werkzeug benutzt, ein Erwachsener oder ein Kind unter Aufsicht eines Erwachsenen – halten Sie stets die Sicherheitsregeln ein. Ab welchem Alter ein Kind unter Aufsicht ein Werkzeug benutzen kann, unterscheidet sich stark. Probieren Sie es daher mit jedem Kind einzeln aus. Wenn Sie den Eindruck haben, dass ein Kind ein Werkzeug allein benutzen kann, erlauben Sie es ihm. Alle Kinder sollten jedoch stets aufmerksam von Erwachsenen beaufsichtigt werden.**

Halsketten und Armbänder aus Holunderperlen

Ausrüstung	**→ Gartenhandschuhe für die Kinder, die Werkzeuge benutzen oder anderen dabei helfen** **→ Kleine Gartenschere** **→ Gerade Stricknadeln in verschiedenen Stärken (3 mm, 7 mm, 10 mm); oder robuste Zweige, diese sind vor allem für kleine Kinder weniger gefährlich** **→ Schnur** **→ Schere**
Wahlweise	**Künstlerische Hilfsmittel wie Pinsel, für Kinder geeignete Acrylfarbe, Farbwanne, dicke Filzstifte etc.**

Vorbereitung

Suchen Sie ein paar Holunderbüsche, die schon etwas älter sind. Holunder eignet sich besonders gut für Perlenketten, weil das Mark der Zweige im Frühjahr und im Sommer weich und schwammartig ist und sich leicht herausdrücken lässt.

Suchen Sie Zweige in der passenden Größe aus. (Bevor Sie sie abschneiden, holen Sie die Erlaubnis des Eigentümers ein.) Für Armbänder sollten die Zweige so dick sein, dass die kleinen Stricknadeln (so wie auch die Schnur) hindurchpassen. Für Halsketten brauchen Sie Zweige, die dick genug für die großen Stricknadeln sind. Wenn Sie das Mark nicht mit Stricknadeln herausdrücken wollen, verwenden Sie robuste Zweige in etwa derselben Stärke.

Erste Schritte

Erklären Sie den Kindern den Sicherheitsbereich beim Arbeiten und den sicheren Gebrauch von Werkzeugen (siehe S. 69). Zeigen Sie ihnen die Schneidblätter der Gartenschere und demonstrieren Sie, wie man die Schere handhabt und sicher verschließt.

Schneiden Sie mit der Gartenschere einen Zweig ab. Achten Sie auf eine saubere Schnittkante und reißen Sie keine Rinde ab, um den Busch vor Schaden zu bewahren. Geschickte Kinder können das unter Aufsicht eines Erwachsenen auch selbst versuchen; sie sollten dabei die freie Hand (die nicht das Werkzeug führt) mindestens eine Handbreit vom scharfen Scherblatt entfernt halten. Zur Sicherheit können sie an der freien Hand einen Handschuh tragen (nicht an der Hand, die das Werkzeug führt, weil sie dadurch nicht mehr so fest zupacken können). Manche Kinder halten die Schere beim Abschneiden der Zweige aber auch lieber mit zwei Händen.

Und los!

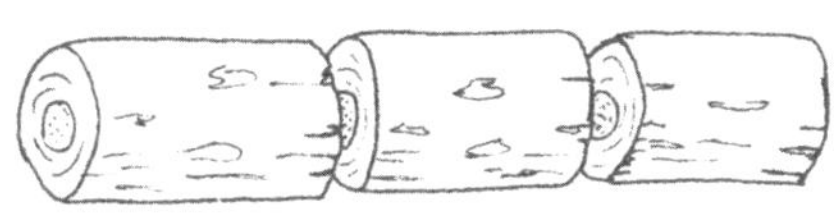

2,5 cm sind eine gute Länge für eine Perle. Probieren Sie aber auch andere Größen aus.

Zuschneiden

Jetzt kann der Schmuck gebastelt werden. Entscheiden Sie, wie viele Perlen das Schmuckstück haben soll, und schneiden Sie mit der Schere den Zweig in kleine Stücke. 2,5 cm – das entspricht etwa der Länge des ersten Daumenglieds eines Erwachsenen – sind eine gute Größe für die Perlen, aber wenn Sie wollen, experimentieren Sie ruhig auch mit anderen Größen. Die Kinder können die Zweige unter Aufsicht auch selbst zuschneiden, müssen dabei aber die weiter oben und auf S. 69 erwähnten Sicherheitsregeln beachten. Helfen Sie kleineren

Kindern, falls erforderlich. Erinnern Sie die Kinder daran, dass sie die Gartenschere nach Gebrauch schließen und sichern und einem Erwachsenen zurückgeben.

Aushöhlen

Drücken Sie das Mark aus den Zweigen, entweder mit einer Stricknadel oder einem robusten Zweig (das ist ungefährlicher, vor allem für kleinere Kinder). Bewegen Sie dabei die Nadel stets von sich weg, niemals zu sich hin oder nach unten in Richtung der Knie.

Drücken Sie das weiche Mark mit einer Stricknadel oder einem Zweig heraus.

Verzieren und Auffädeln

Jetzt sind die Perlen fertig und können mit Stiften und Farbe verziert werden. (Wenn Sie nicht so lange im Wald bleiben wollen, fädeln Sie die Perlen auf und erledigen Sie das Verzieren zu Hause.)

Eine schlichte Halskette aus Holunderperlen erfüllt ihren Träger mit Stolz und besitzt vielleicht sogar magische Kräfte …

Nun werden die Perlen aufgefädelt! Schneiden Sie ein Stück Schnur zurecht, das um das Armgelenk oder den Hals reicht, und lassen Sie es etwas überstehen, um es verknoten zu können. Wenn alle Perlen aufgereiht sind, binden Sie die beiden Enden der Schnur mit einem Überhandknoten (siehe S. 96) zusammen.

Jetzt können Sie Ihr Waldschmuckstück voller Stolz präsentieren!

Halskette mit Holzscheibchen

Ausrüstung	**→ Gartenhandschuhe für alle Erwachsenen und die Kinder, die auch schneiden/bohren wollen** **→ Klappsäge** **→ Handbohrer** **→ Schnur** **→ Schere**
Wahlweise	**Künstlerische Hilfsmittel wie Zeichenkohle, Pastellstifte, dicke Filzstifte etc.**

Vorbereitung

Suchen Sie sich einen großen umgestürzten Baumstamm oder einen massiven Baumstumpf, der Ihnen als stabile Arbeitsunterlage zum Sägen und Bohren dient. Erklären Sie den Kindern die sichere Handhabung von Klappsäge und Handbohrer (siehe die Hinweise zum Gebrauch von Werkzeugen und zum Sicherheitsabstand beim Arbeiten auf S. 69). Führen Sie ihnen vor, wie man die Säge auf- und wieder zuklappt, und zeigen Sie ihnen das Sägeblatt. Zeigen Sie ihnen auch den Handbohrer mit Griff und Bohrspitze.

Suchen Sie sich einen Ast mit wenig Astlöchern und vermoderten Stellen, etwa so lang wie der Arm eines Erwachsenen und fünf bis sechs Zentimeter dick. Nehmen Sie nach Möglichkeit einen bereits abgefallenen Ast. Wenn Sie einen Ast von einem Baum schneiden, holen Sie sich die Erlaubnis des Eigentümers und schneiden Sie den Ast sauber am Ansatz ab, um dem Baum keinen Schaden zuzufügen. Für gewöhnlich schneiden die Erwachsenen den Ast ab, schätzen ein, ob er genug Holzscheibchen für die ganze Gruppe liefert, und holen bei Bedarf einen zweiten.

Erste Schritte

Zeigen Sie den Kindern, wie man den Ast in Scheiben schneidet. Lehnen Sie ihn gegen den Baumstamm oder den Stumpf. Knien Sie sich davor hin (das ist die stabilste und sicherste Haltung). Ziehen Sie über die freie Hand (die Hand, die nicht die Säge führt) einen Gartenhandschuh und stabilisieren Sie mit dieser Hand (und falls erforderlich mit dem Knie) das untere Ende des Astes (das Ende, an dem Sie nicht arbeiten). Die freie Hand sollte etwa 15 cm von der Schnittstelle entfernt sein. Sägen Sie das obere Ende des Astes ab, sodass eine glatte, saubere Schnittfläche entsteht. Setzen Sie in 1,5 bis 2 cm Entfernung die Säge erneut an und schneiden Sie ein Stück ab: das Holzscheibchen für Ihr Halsband!

Legen Sie die Holzscheibe auf die Arbeitsfläche. Halten Sie die Scheibe fest (mit der Hand, die im Handschuh steckt) und bohren Sie mit dem Handbohrer nahe beim Rand ein Loch hinein.

Und los!

Sägen

Nach der Demonstration sind jetzt die Kinder dran! Wenn es so viele Erwachsene wie Kinder gibt, bilden sie jeweils ein Paar. Der Erwachsene hält den Ast fest und das Kind kniet sich hin, nimmt

Ein Zweig, der trocken und nicht verrottet ist, ergibt ausreichend Holzscheibchen für eine ganze Gruppe.

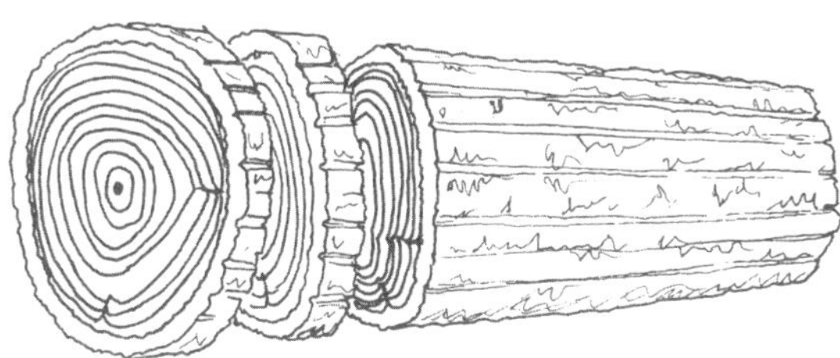

die Säge in beide Hände und sägt eine Scheibe ab. Wenn es mehr Kinder als Erwachsene gibt, arbeiten die Kinder zu dritt. Zwei knien sich hin, einander zugewandt, und halten den Ast fest, während das dritte eine Scheibe absägt. Danach werden die Plätze gewechselt, sodass jedes Kind sich eine Scheibe absägen kann. Jede Gruppe muss von einem Erwachsenen beaufsichtigt werden, der bei Bedarf beim Stützen des Astes hilft. Wenn Sie Kinder sehen, die nicht zurechtkommen, bieten Sie Ihre Hilfe an.

Bohren

Am besten hält ein Erwachsener die Holzscheibe fest (und schützt die Hand mit einem Handschuh) und die Kinder bohren mit dem Handbohrer in der Nähe des Randes ein Loch hinein. Wenn ältere Kinder die Scheibe selbst festhalten wollen, können sie es ausprobieren, aber nur unter der Aufsicht Erwachsener. Wenn die Scheiben fertig sind, verwahren Sie die Werkzeuge an einem sicheren Ort.

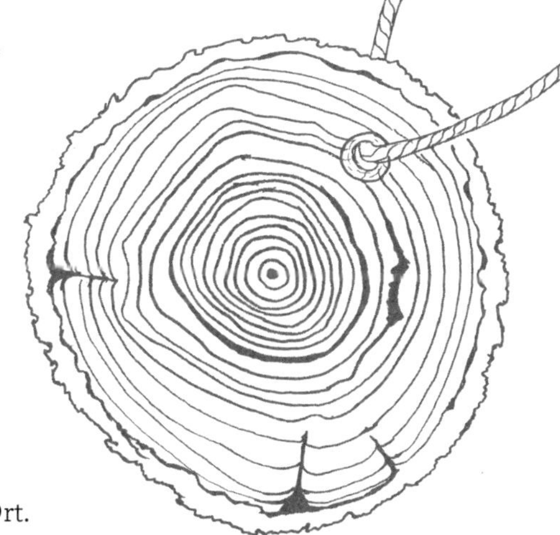

Verzieren und Auffädeln

Jetzt verwandeln die Kinder die Holzscheibchen in Schmuckanhänger, indem sie sie nach Lust und Laune mit Symbolen, Mustern oder Zeichnungen verzieren. Besonders gut eignen sich Buchstaben des keltischen Ogham-Alphabets (siehe S. 46), von denen viele Bäume symbolisieren. (Wenn Sie vermeiden wollen, dass die Verzierungen auf die Kleidung abfärben, bemalen Sie nur eine Seite der Anhänger.) Wenn die Verzierungen fertig sind, ziehen Sie jeweils ein Stück Schnur durch die Löcher in den Anhängern und knoten Sie die Enden mit einem Überhandknoten (siehe S. 96) zusammen. Achten Sie darauf, dass die Schnur ausreichend lang ist, um sie um den Hals zu tragen.

Anhänger aus Eicheln

Ausrüstung	→ **Gartenhandschuhe für alle Erwachsenen und die Kinder, die Werkzeuge benutzen** → **2,5-mm-Handbohrer (besser ein ganzer Satz Handbohrer in verschiedenen Stärken, weil Eicheln verschieden groß sein können)** → **Stricknadel mit kleinerem Durchmesser als der Bohrer** → **Filzstifte (am besten einer pro Kind)** → **Schnüre oder Wollfäden in verschiedenen Farben (so dünn, dass sie durch die gebohrten Löcher passen)** → **Schere**
Wahlweise	**Künstlerische Hilfsmittel wie Pastellfarben und dicke Filzstifte**

Vorbereitung

Wenn Sie im Wald sind, suchen Sie sich einen großen umgestürzten Baumstamm oder einen stabilen Stumpf, auf den sie die Eicheln legen können, um sie zu durchbohren. Sammeln Sie anschließend pro Person mindestens zwei Eicheln; größere eignen sich besser.

Erste Schritte

Zeigen Sie den Kindern den Handbohrer mit seinem Griff und der Bohrspitze, die wie ein Schraubenzieher aussieht. Erinnern Sie die Kinder daran, wie wichtig es ist, beim Gebrauch von Werkzeug vorsichtig zu sein und den Sicherheitsabstand einzuhalten (siehe S. 69). Demonstrieren Sie ihnen, wie man mit dem Handbohrer ein Loch durch die Eichel bohrt, indem man den Bohrer direkt unterhalb des Fruchtbechers ansetzt und dreht.

Und los!

Bohren

Jedes Kind legt nun seine Eichel auf eine stabile Unterlage, wie etwa einen dicken Baumstamm oder einen Stumpf. Sehen Sie zu, dass alle den Handschuh an der Hand tragen, die die Eichel hält, und nicht an der anderen. Behalten Sie die Kinder gut im Auge, während sie ein Loch durch die Eichel bohren, und stehen Sie ihnen bei Bedarf mit Ratschlägen und praktischer Hilfe zur Seite. Weil die Eicheln bei zu großem Kraftaufwand brechen können, müssen die Kinder ständigen, aber sanften Druck ausüben und sich Zeit lassen. Wenn eine Eichel bricht, ist das nicht schlimm – dafür gibt es ja die zweite!

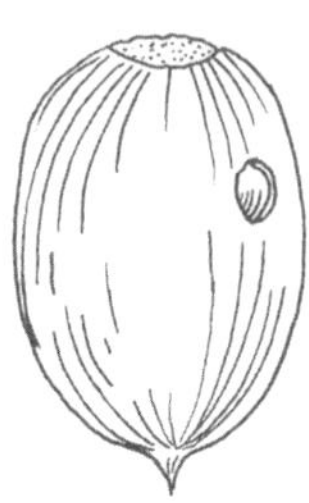

Lassen Sie kleinere Kinder so viel wie möglich selbst machen und helfen Sie ihnen bei Bedarf, indem Sie das Loch für sie anbohren oder sie während des ganzen Vorgangs unterstützen. Erinnern Sie alle Kinder daran, das Werkzeug nach Gebrauch in sicherem Abstand zur Seite zu legen.

Verzieren und Auffädeln

Wenn alle Kinder mindestens eine Eichel mit einem Loch haben, können sie mit einem Filzstift lustige Gesichter darauf malen, ein Muster aus Punkten oder was auch immer ihnen einfällt. Dann sucht sich jedes Kind ein Stück Schnur oder farbige Wolle aus. Ziehen Sie die Schnur durch das Loch und achten Sie darauf, dass sie über den Kopf passt, wenn sie zusammengeknotet ist. Wenn Sie beim Einfädeln Schwierigkeiten haben, befestigen Sie das Stück Schnur an der Stricknadel und stecken Sie es so durch das Loch (das erfordert Geschicklichkeit im Zusammenspiel von Händen und Augen!). Bringen Sie anschließend die beiden Enden auf gleiche Länge und binden Sie sie mit einem Überhandknoten (siehe S. 96) zusammen. Jetzt kann jedes Kind seinen ganz persönlichen Schmuck um den Hals tragen!

Abschluss

Jetzt können alle gegenseitig ihre Werke bestaunen. Sprechen Sie über die verschiedenen Arten, wie die Kinder ihre Anhänger gestaltet haben. Fragen Sie sie, was ihnen an ihren Schmuckstücken am besten gefällt. Was hat ihnen bei der Herstellung am meisten Spaß gemacht und was fanden sie knifflig? Kennen sie andere natürliche Materialien, aus denen man »Edelsteine« machen könnte? Perlen lassen sich zum Beispiel aus Lehm, Muscheln,

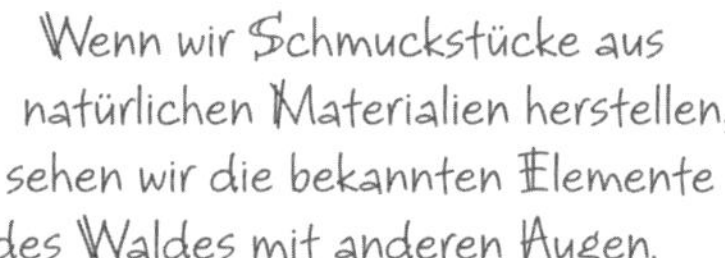

Korallen, Samen oder Steinen herstellen. Gibt es außer Eicheln noch andere Nussfrüchte, die geeignet sind?

Sie können auch darüber sprechen, welche Bedeutung Schmuck im Lauf der Menschheitsgeschichte hatte. Funkelnde Kristalle, Steine so hellblau wie der Himmel, goldene Haarnadeln oder gravierte Gürtelschnallen – Schmuck dient immer der Dekoration, hat oft aber auch eine bestimmte Funktion. Zeigt er, wie etwa bei einer Königin, den gesellschaftlichen Rang an? Beschützt er seinen Träger oder verleiht er ihm besondere Macht? Im antiken Ägypten hatten Amulette oft die Gestalt von Tiergottheiten und verliehen dem Träger die Eigenschaften der entsprechenden Gottheit, oder sie besaßen Inschriften, in denen magische Kräfte zum Ausdruck kamen, die ebenfalls auf den Träger übergingen.

Sprechen Sie auch darüber, dass man bei der Anfertigung von Waldschmuck achtsam mit den natürlichen Materialien umgehen und nur das sammeln sollte, was man braucht. Man sollte keine Äste mit Blüten oder Beeren verwenden, weil diese Nahrung für Tiere sind beziehungsweise Samen, aus denen wieder neue Bäume entstehen. Anregungen für Schmuckstücke sollte man zunächst auf dem Waldboden suchen.

Stockrahmen

Ein Stockrahmen lässt sich auf unterschiedlichste Art und Weise verwenden. Er kann ein Erlebnis in der Natur und die damit verbundenen Erinnerungen, Gedanken und Gefühle festhalten, indem er etwa ein Foto einrahmt, das bei einem Spaziergang auf dem Land entstanden ist, eine Collage aus gesammelten Blättern oder die Zeichnung einer besonders schönen Blume. Er kann aber auch, wenn er auf dem Boden liegt, wie in einem lebenden Bild die verblüffende Vielfalt tierischen und pflanzlichen Lebens in einem kleinen Stückchen Erde vor Augen führen.

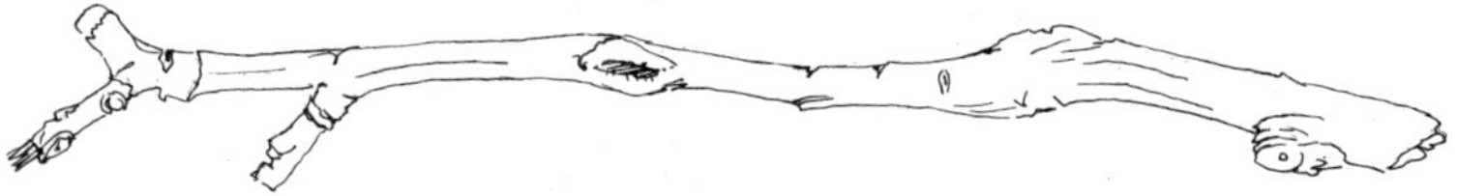

Kinder können mit einer Schnur ein Spinnennetz über die ganze Länge und Breite des Rahmens weben und dabei erleben, wie fleißig, geduldig und klug eine kleine Spinne sein muss, um die Falle anzufertigen, mit der sie ihre Beute fängt. Ein Stockrahmen kann aber auch ein Dekorationsstück für eine Höhle sein, an dem Wettereinflüsse und Zeit sichtbare Spuren hinterlassen und an dem Veränderung und Verfall zum Ausdruck kommen.

Bei der Herstellung eines Stockrahmens lernen die Kinder etwas über geometrische Winkel und Knoten und stärken dabei ihre feinmotorischen Fähigkeiten. Sie lernen, geduldig, konzentriert und beharrlich zu bleiben. Ist der Rahmen fertig, steigt ihr

Selbstwertgefühl, weil sie etwas erreicht und etwas hinzugelernt haben. Ob in einer kleinen oder großen Gruppe, der Austausch von Ideen und Tipps stärkt das Vertrauen, das Einfühlungsvermögen, den Stolz und die Teamfähigkeit. Und der fertige Rahmen ist ein herrlicher Aufbewahrungsort für Erinnerungen!

Vorbereitung

Sammeln Sie zunächst für jeden Rahmen vier Stöcke. Sie können unterschiedlich lang sein, jedoch nicht so lang, dass die Kinder nicht mehr damit umgehen können. Sie sollten kräftig sein und keine verrotteten Stellen haben, aber es bleibt jedem Bastler selbst überlassen, ob er verbogene und knotige oder glatte und gerade Stöcke verwendet.

Ort	**Jeder Ort in der Natur, am besten ein Wald mit vielen Zweigen auf dem Boden**
Altersgruppe	**Ab 4 Jahren**
Was dabei gefördert wird	**Ökologisches Bewusstsein ❁ Selbstständigkeit ❁ Konzentration ❁ Selbstvertrauen ❁ Kreativität ❁ Fantasie ❁ Selbstwertgefühl ❁ mathematische Fähigkeiten ❁ Naturverbundenheit**
Ausrüstung	**→ Vier Stöcke für jedes Kind, falls vor Ort keine passenden zu finden sind → Schnur → Schere → Dekorationsmaterial (Papier, Stoff, Buntstifte, Farben, Klebeband, Wolle etc.; wahlweise) → Farbige Wolle (wahlweise)**

Erste Schritte

Fragen Sie die Kinder, wozu sie ihren Rahmen verwenden möchten. Wenn er ein Bild fassen soll – was wird darauf zu sehen sein, woraus werden sie es herstellen? Aus Blättern und anderen Fundstücken? Oder werden sie es mit Farben und Stiften auf Papier malen? Wenn sie mit dem Rahmen einen Ausschnitt des Erdbodens einfangen wollen, können sie sich überlegen, auf welcher Art von Boden die meisten Pflanzen und Insekten anzutreffen sind. Was verspricht die aufregendsten Entdeckungen: langes Gras, kurzes Gras, Waldboden oder eine Mischung aus all dem?

Und los!

Schneiden Sie für jeden Rahmen vier Schnüre zurecht, etwa in der Länge eines Erwachsenenarms. Sie dienen zum Zusammenbinden der Rahmenecken.

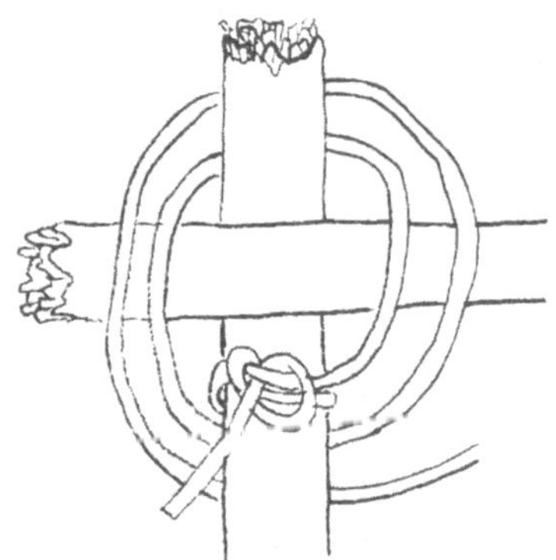

Führen Sie die Schnur mehrmals um die gekreuzten Stöcke herum.

Legen Sie zwei Stöcke im rechten Winkel übereinander, sodass das obere und das linke Ende jeweils ca. 2,5 cm überstehen. Binden Sie an dem längs liegenden Stock unterhalb des quer liegenden eine Schnur fest. Verwenden Sie dazu einen doppelten Überhandknoten (siehe S. 96).

Vielleicht hilft es Ihnen, wenn Sie sich die gekreuzten Stöcke wie einen Kompass vorstellen, mit Markierungen für Norden, Süden,

Osten und Westen. Führen Sie die Schnur über die Ostseite des quer liegenden Stocks, unter der Nordseite des längs liegenden hindurch, über die Westseite des quer liegenden und unter der Südseite des längs liegenden hindurch. Wiederholen Sie diesen Vorgang fünf oder sechs Mal und ziehen Sie die Schnur nach jedem Durchgang fest, um die Stöcke zu fixieren. Binden Sie zum Schluss die Schnur mit einem doppelten Überhandknoten (siehe S. 96) fest und schneiden Sie überstehende Enden ab. Jetzt ist eine Ecke des Rahmens stabilisiert.

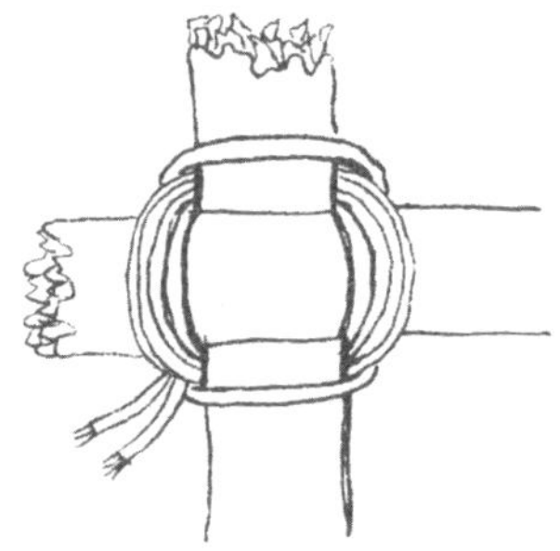

Wenn die Schnur festgezogen ist, ist die Ecke des Rahmens stabil.

Legen Sie die beiden zusammengeschnürten Stöcke auf den Boden, sodass das Kreuz von Ihnen aus gesehen links oben liegt. Platzieren Sie nun am rechten Ende des quer verlaufenden Stocks einen weiteren in Längsrichtung, parallel zu dem linken, sodass rechts oben ein zweites Kreuz entsteht. Fixieren Sie dieses zweite Kreuz mit derselben Technik wie das erste. Der vierte Stock bildet das untere Ende des Rahmens. Binden Sie ihn an beiden Enden fest. Damit ist der Rahmen komplett. Geschafft!

Den fertigen Rahmen können Sie für alles Mögliche verwenden. Sie können ein selbst geschaffenes Kunstwerk darin aufbewahren, ihn auf den Erdboden legen, um ein kleines Feld für ökologische Studien abzugrenzen, wie bei einem Spinnennetz farbige Wolle darüber spannen – oder was auch immer Ihnen einfällt!

Abschluss

Betrachten Sie gemeinsam jeden Rahmen und sprechen Sie darüber, was die Kinder damit gemacht haben. Sparen Sie nicht mit Bewunderung für diese Kunstwerke, die allesamt einzigartig sind. Wenn die Kinder den Rahmen auf den Boden gelegt haben – was haben sie dabei alles entdeckt? Sprechen Sie darüber, wie sich dieses Stück Erde unter dem Einfluss des Wetters und der Jahreszeiten verändert.

Tipp:

Zwei lange und zwei kurze Stöcke ergeben einen rechteckigen Rahmen. Mit drei gleich langen Stöcken können Sie einen dreieckigen Rahmen bauen. Seien Sie erfinderisch!

Interessant ist auch, was mit den Rahmen passiert, wenn sie in der Natur sich selbst überlassen werden. Sie zersetzen sich im Lauf der Zeit und liefern Nährstoffe für Tiere und Pflanzen. Der Zerfall von Materie ist ein essenzieller Faktor eines jeden Ökosystems und gehört zu den natürlichen Lebenszyklen auf der Erde.

Fragen Sie die Kinder nach den Stöcken, die sie gesammelt haben. Sind sie biegsam oder brüchig? Was sagt das über die Stöcke aus? Weiß jemand, von welchem Baum seine Stöcke stammen? Sprechen

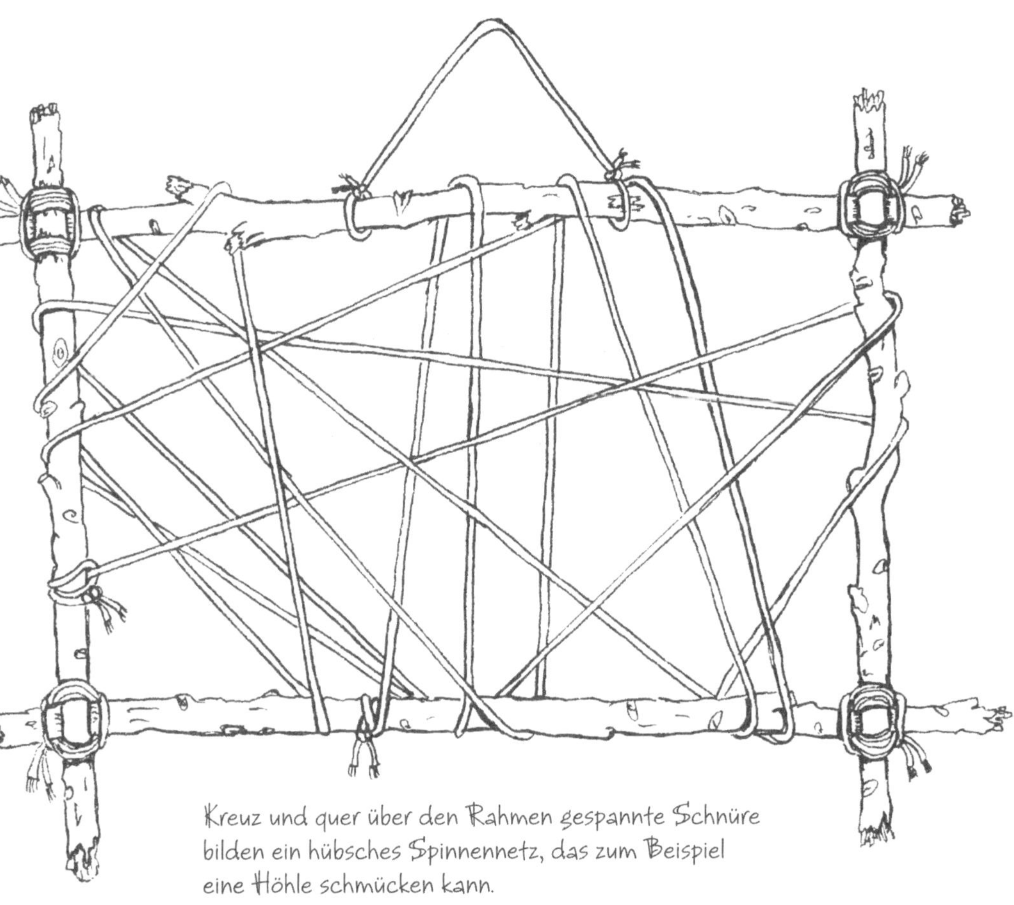

Kreuz und quer über den Rahmen gespannte Schnüre bilden ein hübsches Spinnennetz, das zum Beispiel eine Höhle schmücken kann.

Sie über die Baumarten, die in Ihrer Gegend vorkommen, und darüber, woran man sie erkennt.

Was hat den Kindern beim Rahmenbau am meisten Spaß gemacht? Ist ihnen etwas schwergefallen, zum Beispiel das Verknoten der Schnüre? Vielleicht haben sie ja Lust, das Binden von Knoten noch einmal zu üben, um es dann sicher zu beherrschen.

Überleben in der Natur

Trotz aller Bequemlichkeiten des modernen Lebens und der digitalen Ablenkungen, die das 21. Jahrhundert gebracht hat, macht es Kindern noch immer große Freude, die wichtigsten Fertigkeiten für ein Überleben in der Natur zu lernen: einen Unterstand bauen, ein Feuer entfachen, Nahrung sammeln. Aus vielerlei Gründen haben die meisten von uns kaum noch eine Verbindung zu natürlichen Lebensräumen, aber wenn die Kinder von heute die Möglichkeit bekommen, diese uralten menschlichen Tätigkeiten auszuüben, finden sie noch immer einen unmittelbaren Zugang zu ihnen.

Die Aktivitäten, die wir in diesem Kapitel vorschlagen, können bei den Kindern zu einer nachhaltigen Stärkung des Selbstvertrauens, des Selbstwertgefühls und der Selbstständigkeit führen. In den Wäldern gibt es so vieles zu lernen! Wer etwa gemeinsam mit Freunden eine Höhle baut und dabei nur das Material verwendet, das sich auf dem Waldboden findet, braucht Kreativität, Konzentration, Beharrlichkeit sowie kommunikative Fähigkeiten und muss lösungsorientiert denken. Beim Feuermachen lernen die Kinder, Gefahren einzuschätzen und sie zu minimieren.

Wenn Kinder auf ihre Ressourcen zurückgreifen, um Grundbedürfnisse zu befriedigen, entwickeln sie eine starke Verbundenheit mit der Natur, die sie umgibt, sowie ein Gefühl der Zugehörigkeit. Sie finden ihren Platz, und aus einem Unterstand in der Wildnis wird ein Heim.

Die wichtigsten Knoten

Heute lässt sich nur noch schwer feststellen, wann die Menschen zum ersten Mal Knoten geknüpft haben, denn die ersten Schnüre waren aller Wahrscheinlichkeit nach aus organischem Material (Pflanzenfasern, Haare, Sehnen) und haben sich längst zersetzt. Archäologische Funde wie durchstoßene Perlen oder Gebrauchsspuren auf Gegenständen lassen darauf schließen, dass Knoten schon im Pleistozän verwendet wurden, dem Erdzeitalter der Eiszeiten und der Mammuts (vor 2,5 Millionen bis 11 700 Jahren).

Knoten haben in vielerlei Hinsicht eine bedeutende Rolle bei der Entwicklung der Menschheit gespielt. In prähistorischer Zeit wurden sie beim Bau von Speeren und Tierfallen verwendet. Die alten Ägypter benötigten sie beim Transport der gewaltigen Steinquader, mit denen sie die Pyramiden errichteten. Knoten kamen beim Bau von Brücken, Körben und Unterständen zum Einsatz und wurden verwendet, um Kleidungsstücke zu schließen. Aus dem 18. Jahrhundert sind Handbücher für Matrosen mit Beschreibungen ausgeklügelter Knoten erhalten, die man beim Hissen der Segel, beim Ankerwerfen und beim Netzfischen verwendete. Knoten besitzen auch eine kulturelle und eine spirituelle Bedeutung, wie Mosaiken aus dem antiken Rom und aus dem

Tipp:

Üben Sie zu Hause mit einem Stück Schnur und einem Stuhlbein oder Ihrem Fuß!

Mittelalter sowie keltische Fundstücke und Gegenstände der chinesischen Volkskunst zeigen.

Ob in der Kunst, beim Bau eines Unterstands oder beim Binden der Schuhe – Knoten sind noch immer von großer Bedeutung, weil sie Geschicklichkeit erfordern und schön und nützlich zugleich sind. Das Knüpfen von Knoten fördert feinmotorische Fähigkeiten, Konzentration und Beharrlichkeit, und wer einen neuen Knoten

Ort	**Überall da, wo Sie einen Knoten brauchen!**
Altersgruppe	**Ab 4 Jahren**
Was dabei gefördert wird	**Konzentration ❂ Beharrlichkeit ❂ feinmotorische Fähigkeiten ❂ Selbstvertrauen ❂ Selbstsicherheit ❂ Selbstständigkeit ❂ mathematisches und physikalisches Denken ❂ Erinnerungsvermögen ❂ Teamarbeit**
Ausrüstung	**Eine Rolle Fallschirmschnur (50 bis 100 Meter). Wir verwenden am liebsten Fallschirmschnur, weil sie reißfest ist, sich leicht lösen lässt und in vielen Farben erhältlich ist. Aber probieren Sie ruhig auch Leinen aus anderen Materialien aus, wie etwa Bank line, Outdoorseil, Mehrzweckseil oder ganz normale Schnur (für Waldschmuck). Wenn Sie eine Rolle mit 50 bis 100 Metern dabeihaben, können Sie Stücke in jeder erforderlichen Länge abschneiden. (Um etwa eine Plane aufzuspannen, brauchen Sie unterschiedlich viel Schnur, je nach Größe der Bäume, dem Abstand dazwischen etc.)**

meistert, gewinnt Selbstvertrauen und Selbstsicherheit. Es regt das mathematische und das physikalische Denken der Kinder an, und man kann es anderen zeigen, was das Gemeinschaftsgefühl und die Teamfähigkeit stärkt.

Wenn Sie die Knoten, die wir auf den Seiten 96 bis 103 zeigen, sicher beherrschen, können Sie sie bei der Herstellung von Schmuck, beim Bau eines Unterstands mit einer Plane und bei vielen anderen Gelegenheiten verwenden. Wir bevorzugen Knoten, die sich rasch knüpfen und leicht wieder lösen lassen. Das ist hilfreich, wenn man etwa bei Regen schnell eine Plane aufspannen muss. Am häufigsten verwenden wir den Ewenkenknoten und den Cawleyknoten. Als unser Sohn vier Jahre alt war, hat er bereits den Überhand- und den Zimmermannsknoten ohne Schwierigkeiten gelernt. Es war eine große Freude, ihm zuzusehen, wie er voller Stolz seine neu entdeckten Fähigkeiten ausprobierte. Knoten machen unbeschreiblich viel Spaß. Lernen Sie sie, genießen Sie sie und finden Sie heraus, welche Ihnen am meisten liegen.

Der Überhandknoten

Der wahrscheinlich einfachste und bekannteste Knoten ist der Überhandknoten. Wenn er in einen einzelnen Strang geknüpft wird, dient er oft dazu, das Verrutschen eines Gegenstandes zu verhindern oder das Ausfransen zu vermeiden.

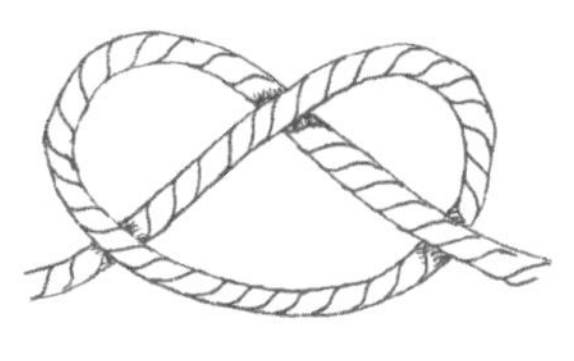

Schneiden Sie die Schnur zurecht und bilden Sie am Ende eine Schlaufe. Stecken Sie das kurze Ende durch die Schlaufe und ziehen Sie den Knoten fest.

Einfacher Schlaufenknoten

Bei diesem Knoten werden die beiden Enden einer Schnur zusammengebunden, sodass eine festsitzende Schlaufe entsteht. Man kann ihn vielseitig verwenden, etwa für Halsketten oder Armbänder, um ein Taschenmesser am Gürtel zu befestigen oder einen Kochtopf über das Feuer zu hängen.

Er hat dieselbe Form wie ein Überhandknoten, nur werden dabei die Enden der Schnur aneinandergelegt und der Knoten wird in den Doppelstrang geknüpft. Stecken Sie die losen Enden durch die Schlaufe und ziehen Sie den Knoten fest, sodass eine festsitzende Schlaufe in der gewünschten Größe entsteht.

Knoten für die Firstleine einer Plane

Die Firstleine ist die Schnur oder das Seil, über das beim Bau eines Unterstands die Plane gespannt wird. Sie muss straff sein, damit die Plane einen trockenen, sicheren Schutzraum bildet. Dazu muss sie an zwei Bäumen (oder anderen Stützen) befestigt werden, und die Knoten müssen sie sicher an ihrem Platz halten und spannen. Im Folgenden finden Sie eine Auswahl an Knoten sowohl zum Festbinden als auch zum Spannen.

Knoten zum Festbinden

Laufknoten

Legen Sie eine Schlaufe in die Schnur und daneben eine zweite (1).

Führen Sie die zweite Schlaufe durch die erste (2) und ziehen Sie sie fest, sodass eine einzelne, festsitzende Schlaufe entsteht (3).

(2)

Halten Sie die Schlaufe in einer Hand, legen Sie die Schnur um den Baum (bzw. die Stütze), führen Sie das lose Ende durch die Schlaufe und ziehen Sie fest zu, um den Knoten zu schließen (4).

(3)

Wenn Sie den Knoten lösen wollen, schieben Sie das lose Ende durch die Schlaufe zurück und ziehen Sie den Knoten an beiden Seiten auseinander.

(4)

Zimmermannsknoten

Führen Sie die Schnur um den Baum, sodass das kürzere Ende ca. 90 cm übersteht.

Legen Sie das kurze Ende der Schnur über das lange, führen Sie es unter diesem wieder zurück und wickeln Sie es um die entstandene Schlaufe, die den Baum umschließt (1).

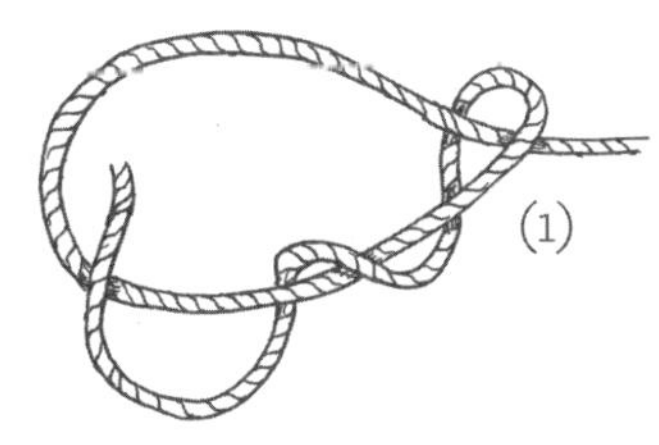
(1)

Wickeln Sie das kurze Ende noch drei bis vier Mal um die Schlaufe und ziehen Sie den Knoten fest um den Baumstamm (2). Um ihn zu lösen, lockern Sie die Schnur und lösen Sie ihn auf.

(2)

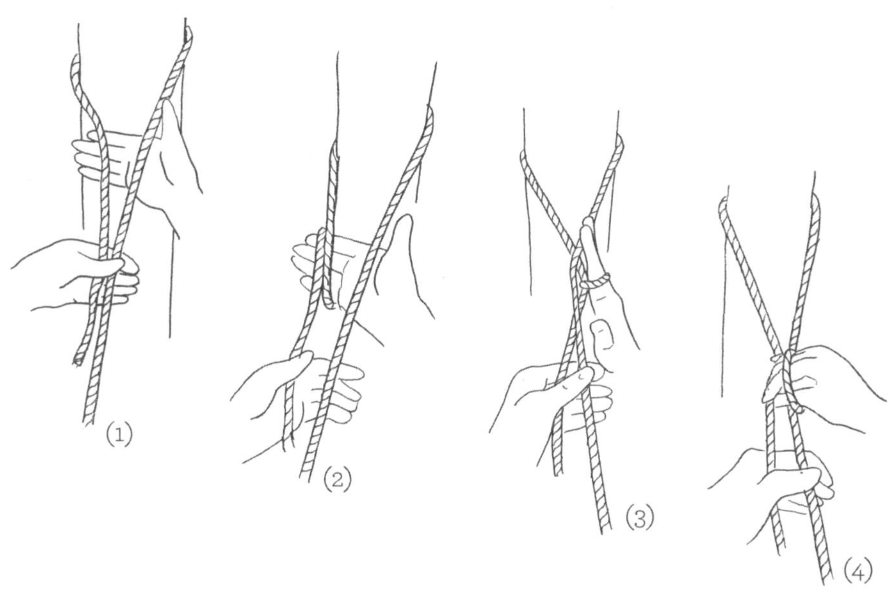

Ewenkenknoten

Führen Sie die Schnur um den Baum, sodass das kurze Ende ca. 90 cm übersteht. Legen Sie die beiden Enden so auf Ihre rechte Handfläche, dass das lange näher am Daumen liegt (1).

Führen Sie das kurze Ende einmal hinten um die Finger der rechten Hand herum. Nehmen Sie dann die beiden Enden in Ihre freie linke Hand (2).

Richten Sie die Finger der rechten Hand zum Boden aus. Drehen Sie dann die Hand um das lange Ende herum nach oben, bis der Daumen auf Sie zeigt (3).

Legen Sie die Finger der rechten Hand über beide Enden und nehmen Sie das kurze Ende zwischen Daumen und Zeigefinger (4).

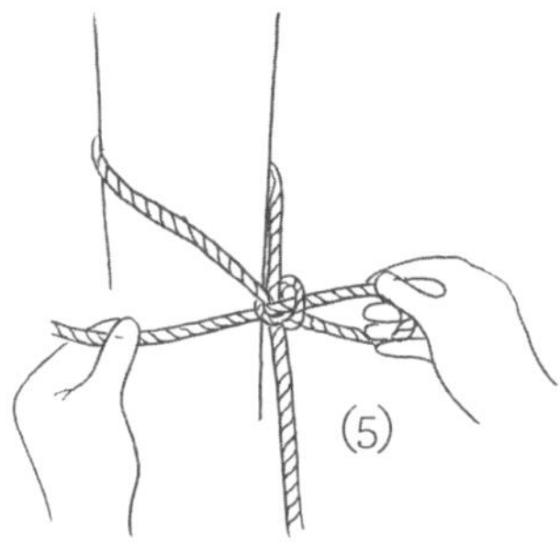

Ziehen Sie das kurze Ende durch die Schlaufe, die die Finger der rechten Hand umschließt, aber nur so weit, dass es ebenfalls eine Schlaufe bildet (5).

Halten Sie das lange Ende mit der linken Hand und schieben Sie mit der rechten den Knoten in Richtung Baum, sodass die Leine fest sitzt (6).

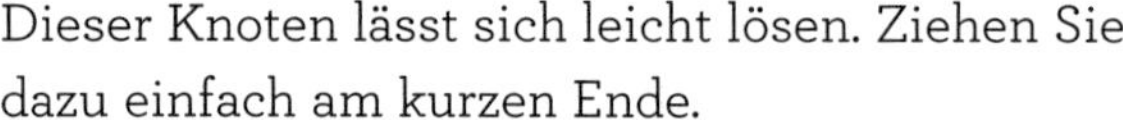

Dieser Knoten lässt sich leicht lösen. Ziehen Sie dazu einfach am kurzen Ende.

Knoten zum Spannen

Wenn Sie die Leine am ersten Baum festgebunden haben, spannen Sie sie mit einem Knoten um den zweiten Baum. Hier sind einige Beispiele für solche Knoten.

Cawleyknoten

Legen Sie die Leine um den Baumstamm, sodass das kurze Ende mindestens 60 cm lang ist. Führen Sie es unter der Firstleine hindurch und wickeln Sie es drei bis vier Mal in Richtung des Baums um diese herum (1).

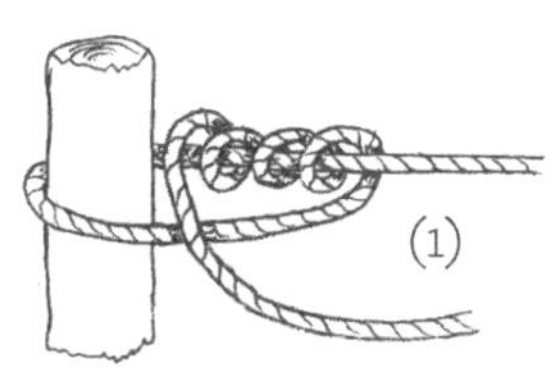

Legen Sie dann das kurze Ende über beide Enden, sodass ein Zwischenraum entsteht, und schieben Sie das kurze Ende so hindurch, dass es eine Schlaufe bildet. Ziehen Sie zum Abschluss diese Schlaufe fest (2).

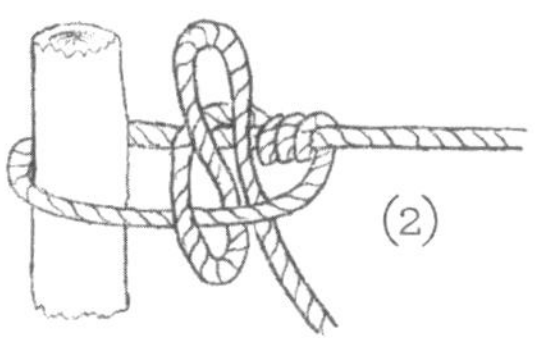

Die so entstandene Spule können Sie an der Firstleine auf und ab schieben. Weil sie nicht verrutscht, können Sie die Leine damit spannen. Um den Knoten zu lösen, ziehen Sie einfach am kurzen Ende.

Tipp:

Der Ewenkenknoten und der Cawleyknoten eignen sich auch, um eine Plane mit Heringen am Boden zu befestigen.

Spannknoten

Führen Sie die Leine um den Baum, sodass das lose Ende, wenn Sie es ein zweites Mal um den Baum gelegt haben, noch mindestens 90 cm lang ist. Ziehen Sie kräftig am losen Ende, damit die Firstleine gut gespannt ist (1).

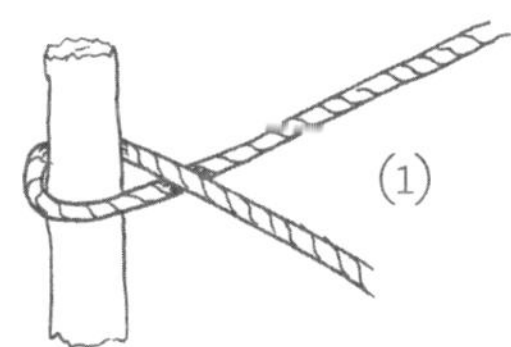

Halten Sie die Spannung und führen Sie das lose Ende über die Firstleine, nach hinten und um den Baum herum. So wird die Leine gespannt (2).

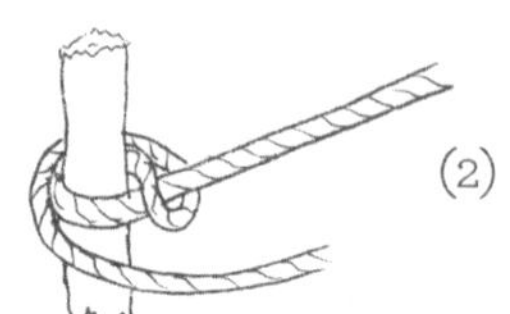

Legen Sie das lose Ende über die Firstleine, sodass ein dreieckiger Zwischenraum entsteht (3).

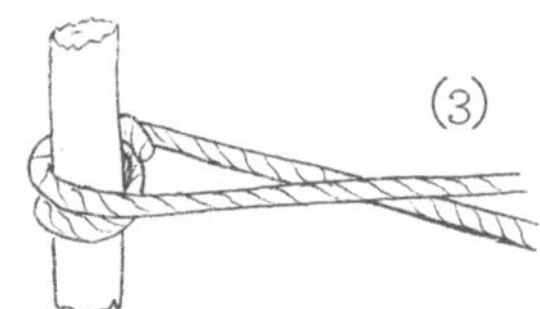

Bilden Sie mit dem losen Ende eine Schlaufe und führen Sie diese durch das Dreieck. Ziehen Sie an der Schlaufe um das kurze Ende der Leine zu spannen (4).

Um den Knoten zu sichern, führen Sie das lose Ende durch die Schlaufe, sodass eine zweite Schlaufe entsteht, und ziehen Sie sie fest (5).

Wenn Sie den Knoten lösen wollen, ziehen Sie einfach am losen Ende.

Prusikknoten

Dieser Klemmknoten wird auch beim Klettern verwendet. Er lässt sich verschieben und zieht sich bei Belastung zu. Wenn Sie damit eine Plane über eine Firstlinie spannen und festzurren wollen, gehen Sie wie folgt vor:

Legen Sie die Enden einer 30 cm langen Leine parallel zueinander. Führen Sie die Schlaufe von unten um die Firstleine herum und stecken Sie die losen Enden hindurch.

Wickeln Sie sie noch drei bis vier Mal um die Firstleine, sodass die einzelnen Wicklungen sauber nebeneinander liegen.

Führen Sie nach der letzten Wicklung die losen Enden durch die Schlaufe und ziehen Sie sie fest. Jetzt ist der Prusikknoten fertig.

Die losen Enden können Sie mit einem einfachen Überhandknoten (siehe S. 96) an den Ösen der Plane festbinden. Spannen Sie dann die Plane, sodass alles fest sitzt. Wenn Sie die Plane abnehmen wollen, lockern Sie die Spannung und lösen Sie die Knoten auf.

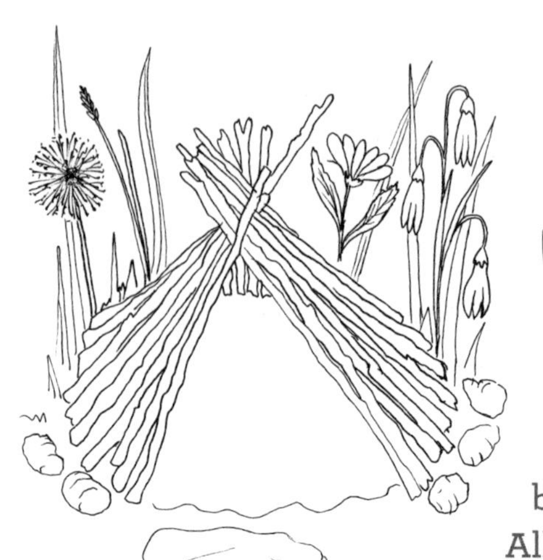

Unterstände

Unterstände können ganz verschieden sein, von einer einfachen gespannten Plane bis zur massiven Holzhütte. Allen gemeinsam ist, dass sie uns ein Gefühl von Sicherheit geben. Schon seit Anbeginn der Zeiten haben Menschen Schutzvorrichtungen gebaut, um damit ihre Grundbedürfnisse zu befriedigen, und noch heute haben Kinder einen natürlichen Drang dazu und bauen sich zu Hause Höhlen aus Stühlen, Decken und Kissen.

Ein Unterstand im Wald ist für Kinder ein Zuhause in der Natur, fernab von der Welt der Erwachsenen. Er ist ihr eigenes Reich, wo sie ihren Platz haben, und dieses Gefühl der Zugehörigkeit wächst, wenn sie regelmäßig an einen Ort zurückkommen und dort an ihrem Unterstand arbeiten. Unzählige Male haben Kinder uns mit sich gezogen und uns voller Stolz ihre Werke präsentiert. Mit ein paar grundlegenden Techniken lassen sich die verschiedensten Arten von Unterständen bauen, und die Möglichkeiten, sie mit natürlichen Materialien fantasievoll zu schmücken, sind unendlich: Blumengehänge, Briefkästen, eine imaginäre Feuerstelle in einem Ring aus Steinen oder gemütliche Lager aus Laub.

Der Bau eines Unterstandes ist eine sehr lebhafte Tätigkeit und fördert die Gesundheit. Indem die Kinder lernen, potenzielle Gefahren zu erkennen, einzuschätzen und zu verringern, üben sie

Ort	Ideal ist ein waldiges Gelände mit vielen Bäumen, Ästen und Blättern. Planen können aber auch in Parks oder Gärten aufgespannt werden, in denen es passende Bäume gibt, oder an jeder anderen Stelle im Freien, wo sich geeignete Halterungen finden.
Altersgruppe	Ab 3 Jahren (die Kleinen können Mini-Unterstände bauen)
Was dabei gefördert wird	Bewegung ❁ Verantwortungsbewusstsein ❁ sicherer Umgang mit Gefahren ❁ Selbstsicherheit ❁ Erfolgsbewusstsein ❁ Naturverbundenheit ❁ mathematisches Denken ❁ Sprachfertigkeit ❁ Teamarbeit ❁ Zuhören ❁ Bewusstsein für Architektur ❁ Einfühlungsvermögen
Ausrüstung	Wenn Sie einen Unterstand aus Holz und Laub bauen, brauchen Sie darüber hinaus nur noch eventuell Gartenhandschuhe. Für einen Unterstand mit einer Plane brauchen Sie: → Eine Plane; die Größe hängt von der Anzahl der Beteiligten ab. Planen gibt es in vielen Materialien wie Plastik oder beschichtetem, wasserdichtem Stoff wie die von DD Hammocks (die wir am liebsten nehmen, weil sie vielseitig verwendbar, weich und leicht sind) und in zahlreichen Farben (einschließlich Tarnmuster). Manche werden mit Abspannleinen und Heringen geliefert. → Fallschirmschnur in ausreichender Länge (siehe S. 95) → Vier Heringe (für einen zeltförmigen Unterstand) → Schere → Gummihammer (wahlweise) → Gartenhandschuhe zum Hämmern (wahlweise) → Bodenplane und/oder Decke (wahlweise)

verantwortungsvolles Handeln. Sie überprüfen die Beschaffenheit des Bodens, entscheiden, welche Äste und Zweige sich eignen und welche Bäume stabil genug sind, und bedenken mögliche Auswirkungen des Wetters. All das stärkt die Naturverbundenheit. Wenn sie ausrechnen, wie lang ein Ast oder eine Leine sein muss, und besprechen, wer sie an welcher Stelle anbringt, entwickeln sie ihre mathematischen und kommunikativen Fähigkeiten und üben aufmerksames Zuhören und Teamarbeit. Auch Architektur ist ein Thema, weil die Kinder ihre eigenen Gebäude entwerfen und dafür sorgen müssen, dass sie Schutz bieten. Ist der Unterstand schließlich vollendet, so ist das ein großes Erfolgserlebnis, das Selbstsicherheit und Selbstvertrauen stärkt, und wenn die Kinder anschließend diesen einzigartigen Ort gemeinsam nutzen, so stärkt dies zudem ihr Einfühlungsvermögen und das Gemeinschaftsgefühl.

Auf den folgenden Seiten finden Sie Anregungen für den Bau von Unterständen, aber im Grunde reicht es aus, wenn Sie den Kindern die wichtigsten Techniken beibringen und ihnen zeigen, wie sie bei der Arbeit Gefahren vermeiden. Denn allein schon der Vorschlag, einen Unterstand zu bauen, setzt dann unbändige Kreativität und tolle Ideen frei. Eine wunderbare gestalterische Tätigkeit und eine ganz besondere Art, den Zauber der Natur zu erfahren!

Unterstände mit einer Plane

Vorbereitung

Für einen zeltförmigen Unterstand wird zunächst eine Plane wie ein umgekehrtes V über eine Firstleine aus Fallschirmschnur gespannt, die zwischen zwei Bäumen verläuft. Wenn Sie zwei Bäume mit dem

passenden Abstand gefunden haben, sollten Sie die Kinder zunächst überprüfen lassen, ob die Bäume gesund sind und sich als Halterung für einen Unterstand eignen. Wie sehen die Stämme aus? Wirken sie stabil oder wachsen auf ihnen Pilze, was ein Anzeichen für Krankheit ist? Sind in den Kronen abgestorbene oder herabhängende Äste zu sehen, die auf den Unterstand fallen könnten? Der Boden zwischen den Bäumen sollte flach und nicht zu hart sein, damit man dort nicht allzu unbequem sitzt und auch die Heringe sich gut einschlagen lassen. Suchen Sie den Boden auch nach Müll, gefährlichen Unebenheiten und Ameisennestern ab.

Erste Schritte

Sobald die ideale Stelle gefunden ist, zeigen Sie den Kindern das Konstruktionsprinzip mit Plane, Schnur und Heringen, und wie die Schnur durch die Ösen der Plane verläuft und an der Firstleine und mittels der Heringe am Boden gesichert wird.

Überlegen Sie jetzt, welche Form der Unterstand haben soll. Soll er aussehen wie ein Zelt, bei dem die Unterkanten fast auf den Boden reichen, oder wie ein Schrägdach, das höher hinaufragt? Dies sollten Sie entscheiden, bevor Sie anfangen zu bauen, damit Sie wissen, wo Sie die Firstleine befestigen müssen und wie viel Schnur sie brauchen. Legen Sie fest, welche Knoten Sie für die Firstleine und für die Heringe verwenden, denn auch davon hängt

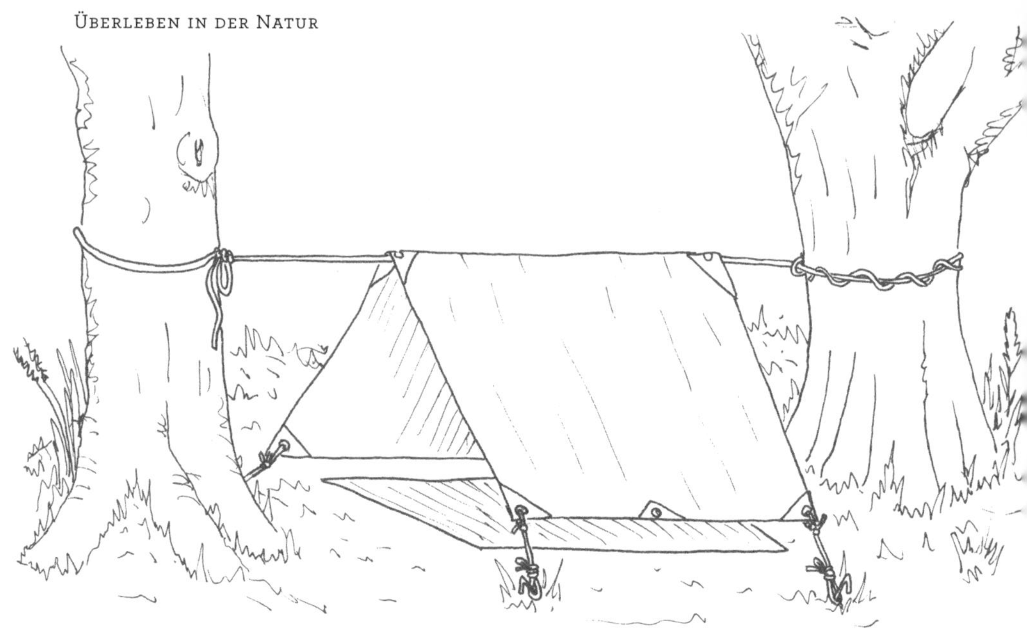

die benötigte Schnurlänge ab (siehe die Knoten zum Festbinden und Spannen auf den Seiten 94–103). Weil manche Leinen schwer zu schneiden sind, kann es sinnvoll sein, dass ein Erwachsener es einmal demonstriert und dann Hilfe anbietet, falls erforderlich. Binden Sie in die Enden der zurechtgeschnittenen Stücke jeweils einen Überhandknoten (siehe S. 96), damit sie nicht ausfransen.

Und los!

Jetzt kann der Bau beginnen! Befestigen Sie die Firstleine mit einem Knoten zum Festbinden (siehe S. 97) an einem der beiden Bäume und fixieren Sie sie mit einem Knoten zum Spannen (siehe S. 100) an dem anderen, sodass sie straff gespannt ist.

Hängen Sie die Plane gleichmäßig über die Leine und binden Sie sie auf beiden Seiten mit einem Prusikknoten (siehe S. 103) daran fest. Wenn die Plane ohne Abspannschnüre geliefert wurde,

Tipp:

Sie können aus der Plane auch ein in der Mitte spitz zulaufendes Zelt bauen, indem Sie einen großen Ast aufrechtstellen und die Plane darüber spannen (schneiden Sie das obere Ende des Astes flach ab und entfernen Sie Zweige, damit die Plane nicht reißt). Oder binden Sie die Plane wie ein flaches Dach an vier Bäume (wenn Regen droht, befestigen Sie es leicht schräg, damit das Wasser ablaufen kann).

brauchen Sie hierzu zwei 30 cm lange Schnüre, und außerdem vier Schnüre in passender Länge für die Heringe. Fixieren Sie die vier Ecken der Plane mittels der Heringe am Boden und verwenden Sie dabei die Knoten, für die Sie sich entschieden haben, zum Beispiel einen einfachen Schlaufenknoten durch die Öse der Plane und um den Hering herum, oder einen Ewenkenknoten an der Öse und einen Cawleyknoten am Hering.

Ein Erwachsener sollte demonstrieren, wie man die Heringe mit einem Gummihammer gefahrlos in den Boden schlägt, und den Sicherheitsbereich beim Umgang mit Werkzeugen erläutern (siehe S. 69). Tragen Sie den Handschuh dabei an der Hand, die den Hering hält, und niemals an der Hand, die den Hammer führt, da dieser sonst abrutschen kann. Knien Sie sich hin, um Stabilität zu gewinnen, und achten Sie darauf, dass Ihnen Füße und Knie nicht im Weg sind. Wenn der Boden eher weich ist, brauchen Sie nicht fest auf die Heringe einzuschlagen, sondern nur leicht zu klopfen. Heben Sie den Hammer nie über Kopfhöhe!

Damit die Heringe nicht herausrutschen, wenn die Plane gespannt ist, schlagen Sie sie schräg ein, sodass das obere Ende mit dem Haken von der Plane weg zeigt. Lassen Sie es die Kinder unter Aufsicht selbst probieren und unterstützen Sie sie und helfen Sie ihnen, wenn sie Schwierigkeiten haben. Ein Hammer ist aber nicht unbedingt erforderlich; wenn der Boden weich ist, können Sie die Heringe auch mit einem dicken Stück Holz einschlagen oder mit dem Fuß hineindrücken.

Wenn Sie eine Bodenplane oder eine Decke haben, legen Sie sie jetzt unter die Plane. Abschließend können Sie den Unterstand schmücken und ihn so zu etwas Besonderem machen, oder Sie lassen ihn eins mit seiner Umgebung werden.

Unterstände aus Holz und Laub

Unterstände können ganz verschieden aussehen, je nachdem, welche Bäume und was für herabgefallene Äste und Laub Sie auf dem Boden vorfinden. Im Folgenden machen wir ein paar Vorschläge, aber probieren Sie auch nach Lust und Laune herum. Der Bau eines Unterstandes ist immer ein Riesenspaß; Sie müssen nur darauf achten, dass er stabil und sicher ist. Fragen Sie den Eigentümer des Geländes, ob Sie den Unterstand anschließend wieder abbauen sollen und ob es Baumarten gibt, die Sie nicht verwenden dürfen. Und verändern Sie nach Möglichkeit nichts an der natürlichen Umgebung.

Vorbereitung

Zum Schutz Ihrer Hände sollten Sie Gartenhandschuhe tragen. Um Äste zu transportieren, nehmen Sie sie am dicken Ende und ziehen Sie sie hinter sich her – das ist nicht so mühsam und ungefährlicher für Sie selbst und die anderen. Und achten Sie auf Unebenheiten im Boden und herausstehende Wurzeln! Wenn Sie Bäume für den Unterstand auswählen, vergessen Sie nicht, auch nach oben zu sehen und sicherzustellen, dass sie gesund sind und keine abgestorbenen Äste herabhängen.

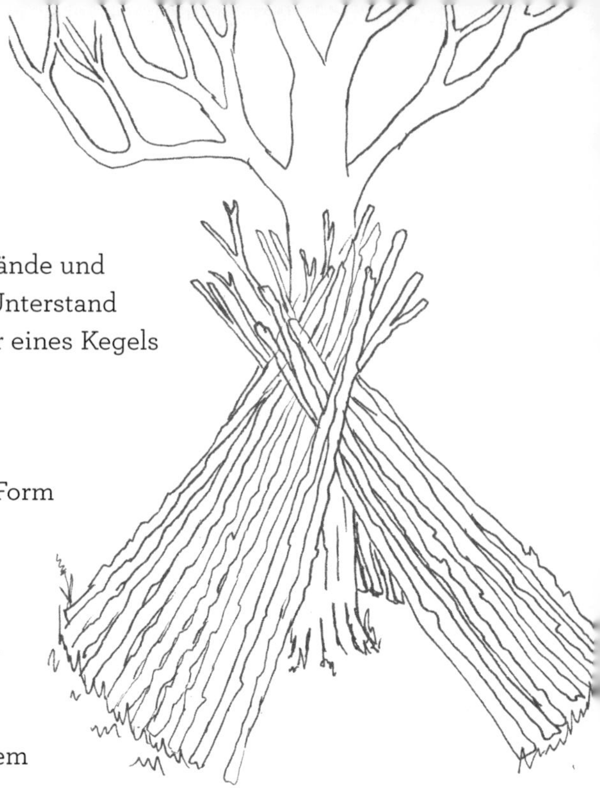

Untersuchen Sie das Gelände und entscheiden Sie, ob der Unterstand die Form eines Zelts oder eines Kegels haben soll.

Erste Schritte

Für einen Unterstand in Form eines Zelts brauchen Sie zwei nahe beieinander stehende Bäume mit gegabelten Stämmen oder abstehenden Ästen, die einen querliegenden Ast stützen können. Zudem brauchen Sie einen dicken Ast, der ausreichend lang und kräftig genug ist, um viele kleine Äste zu stützen. Für einen Unterstand in Kegelform brauchen Sie einen großen Baum, der als Mittelpfeiler dient.

Und los!

Für einen Unterstand in Zeltform legen Sie den großen Ast in die Astgabeln der Bäume und stellen sicher, dass er fest sitzt. Sammeln Sie dann so viele kleinere Äste wie möglich und lehnen Sie sie auf beiden Seiten leicht schräg an den querliegenden Ast, sodass sie ein Dach bilden. Sparen Sie ein kleines Stück für den Eingang aus. Füllen Sie Lücken im Dach mit Laub, damit kein Wasser eindringt und der Unterstand gemütlich wird.

Für einen Unterstand in Form eines Kegels sammeln Sie lange Äste und lehnen Sie sie kreisförmig an den Baum. Lassen Sie ein Stück

Tipp:

Wenn Sie keine Bäume mit Astgabeln finden, können Sie auch Äste an einen langen, horizontal verlaufenden Ast eines Baumes lehnen, an einen umgestürzten Stamm oder an eine andere natürliche Stütze. Halten Sie die Augen offen!

frei, sodass ein Eingang entsteht. Geben Sie den Ästen Halt, indem Sie sie in den Boden drücken oder mit Holzklötzen abstützen. Um Lücken zu füllen, lehnen Sie kleinere, biegsame Äste gegen die großen oder flechten Sie sie dazwischen. Wenn Sie möchten, können Sie die Lücken auch mit Laub stopfen.

Jetzt gehen Sie einen Schritt zurück, betrachten Ihr Werk und treten ein! Sie stehen nun in Ihrem ganz persönlichen Unterstand. Werden Sie auf dem Boden einen Teppich aus Laub ausbreiten und sich an einem imaginären Feuer wärmen? Dient er Ihnen als Versteck, oder werden Sie von hier aus in aller Stille die Tiere in freier Wildbahn beobachten? Oder haben Sie etwas anderes damit vor?

Tipp:

Einen Unterstand in Kegelform können Sie auch errichten, indem Sie drei lange Äste nebeneinander auf den Boden legen und ca. 30 cm von einem Ende entfernt zusammenbinden. Richten Sie sie auf und ziehen Sie sie auseinander, sodass ein Dreifuß entsteht, und drücken Sie die unteren Enden in den Boden. Flechten Sie dann weitere Äste in diesen Rahmen.

Mini-Unterstände

Mini-Unterstände sind eine tolle Sache für kleine Kinder, die beim Bau großer Unterstände noch nicht mithelfen können. Anhand kleinerer Unterstände lassen sich aber auch neue Ideen erst einmal ausprobieren, bevor man sie in die Tat umsetzt.

Vorbereitung

Fragen Sie die Kinder, für wen ihr Unterstand sein soll. Er kann ein Zuhause für eine Puppe, einen Teddybären, für Feen oder Käfer werden, aber auch ein Schlammgesicht (siehe S. 51) oder Figuren aus Ton könnten dort einziehen – der Fantasie sind keine Grenzen gesetzt!

Erste Schritte

Suchen Sie zunächst eine geeignete Stelle mit einem Baum oder einem umgestürzten Stamm.

Und los!

Sammeln Sie Zweige, die so lang sind, dass der Unterstand groß genug für seinen künftigen Bewohner wird, und lehnen Sie sie an die Stütze, die Sie ausgesucht haben. Schon ist der Unterstand fertig und erwartet seinen Ehrengast!

Abschluss

Es gibt vieles, worüber Kinder anschließend gern sprechen. Was gefällt ihnen an ihrem Unterstand am besten, und warum? Wenn sie wieder einen bauen, wird er genauso oder anders aussehen? Haben Sie bestimmte Knoten besonders gern gemacht, und warum? Sie können auch darüber sprechen, dass schon unsere Vorfahren

zu verschiedenen Jahreszeiten vielleicht verschiedene Arten von Unterständen benutzt haben: im Winter Höhlen, im Sommer Unterstände im Wald – und vielleicht sind sie dabei so ähnlich vorgegangen wie Sie gerade!

Welche natürlichen Materialien eignen sich noch zum Bau von Unterständen, und nach welchen Kriterien haben die Menschen sie ausgewählt? Überlegen Sie zum Beispiel, wie das Klima die Vegetation beeinflusst oder wie die Lebensgewohnheiten sich in den Unterständen widergespiegelt haben. Die nordamerikanischen Indianer in den Great Plains etwa, die den großen Büffelherden folgten, fertigten ihre Tipis aus Tierhäuten. So konnten sie sie rasch auf- und ebenso schnell wieder abbauen und leicht transportieren. Die Algonkin-Indianer dagegen waren Bauern und lebten in der Nähe von Wäldern. Sie nutzten Baumrinde für ihre Wigwams, wodurch diese stabiler wurden. Und die Inuit-Völker am Polarkreis, die in einer Region leben, in der es keine Bäume und nur wenige Tiere gibt, bauen Iglus aus Schnee.

Was für Unterstände bauen Tiere? Manche von ihnen, wie Dachse und Kaninchen, graben einen Bau in die Erde. Ein Dachsbau hat sogar einen Toilettenraum! Nicht zu vergessen die überaus beeindruckenden Bauten, die Termiten aus Erde, Speichel, zerkautem Holz und Kot errichten und die bis zu zehn Meter hoch und fünfzehn Meter breit werden können. Unglaublich!

Feuermachen

Nach Ansicht von Charles Darwin ist die Fähigkeit, Feuer zu machen, eine der großen Errungenschaften der Menschheit. Das ist einleuchtend. Seit Hunderttausenden von Jahren haben sich die Menschen mithilfe des Feuers in der Dunkelheit Licht verschafft, ihre Behausungen warm und trocken gehalten und Raubtiere vertrieben. Durch das Kochen mit Feuer konnten wir mehr Energie aus Fleisch und Pflanzen gewinnen, wodurch wir mehr Zeit für anderes bekamen. Seit grauer Vorzeit versammeln wir uns um das Feuer, das uns das Gefühl gibt, zu Hause zu sein.

Feuer besitzt noch immer große symbolische Kraft. Ein Lagerfeuer verwandelt einen gewöhnlichen, dunklen Campingplatz in einen heimeligen Ort, an dem wir uns wohlfühlen. Es schafft einen Mittelpunkt und vertreibt Unwohlsein, und die gemeinsamen Stunden am Lagerfeuer gehören zu den wertvollsten, die wir mit Gleichgesinnten in der Natur verbringen. Noch heute verscheuchen wir mit Feuer Insekten und verwenden es zum Kochen. Wir blicken gebannt in die tänzelnden Flammen, wärmen unsere Hände daran und spüren, wie sie etwas in uns ansprechen, das so alt ist wie die Menschheit. Selbst ein kleines auflodderndes Feenfeuer kann etwas Magisches und Ehrfurchtgebietendes ausstrahlen.

Ein Feuer ohne Feuerzeug oder Streichhölzer zu entfachen, ist nicht ganz leicht. Der Umgang mit Feuerstahl erfordert feinmotorisches Geschick sowie Konzentration, Geduld, lösungsorientiertes Denken und Beharrlichkeit. Gelingt das Feuermachen auf diese Weise, entsteht das Gefühl, etwas Tolles geschafft zu haben, und das Selbstvertrauen wächst. Beim Feuermachen haben die Kinder die Möglichkeit, unter der Aufsicht Erwachsener Gefahren

Ort	**Feenfeuer können überall im Freien gemacht werden, Lagerfeuer dagegen sind meist nur an dafür vorgesehenen Stellen erlaubt. Am besten suchen Sie sich eine Feuerstelle in natürlicher Umgebung.**
Altersgruppe	**Ab 4 Jahren (mit kleinen Kindern können Sie Feenfeuer machen)**
Was dabei gefördert wird	**Konzentration ❁ Gedächtnis ❁ feinmotorische Fähigkeiten ❁ Geduld ❁ lösungsorientiertes Denken ❁ Beharrlichkeit ❁ Erfolgsbewusstsein ❁ Selbstvertrauen ❁ naturkundliches Wissen ❁ Selbstständigkeit ❁ Gefahrenbewusstsein ❁ Verantwortungsgefühl ❁ Aufmerksamkeit**
Ausrüstung	**→ Trockene Zweige, Äste und Holzscheite (falls vor Ort auf dem Boden keine zu finden sind) → Dicke Äste als Sitzgelegenheiten und zur Markierung der Feuerstelle (wahlweise) → Wasser in einem offenen Behälter → Watte → Vaseline → Feuerbesteck aus Feuerstahl und Messer**

einzuschätzen und Verantwortung zu übernehmen. So entwickeln sie eine gesunde Selbstständigkeit. Und was das Wichtigste ist: Alle Gesichter strahlen, wenn dieses Element auf wundersame Weise zum Leben erweckt wird!

Sicherheit geht vor

Ob ein Erwachsener den Feuerstahl benutzt oder ein Kind unter Aufsicht – halten Sie stets die Sicherheitsregeln ein, die auf den Seiten 119–122 beschrieben werden. Probieren Sie mit jedem Kind aus, was es kann, und wenn Sie den Eindruck haben, dass ein Kind schon selbstständig Feuer schlagen kann (natürlich immer unter Aufsicht eines Erwachsenen), erlauben Sie es ihm.

- **Wer lange Haare hat, sollte sie vor dem Feuermachen zusammenbinden. Auch Schmuck, der herunterhängt, und weite Kleidungsstücke sollten festgebunden werden.**
- **Jedes Feuer muss stets von einem Erwachsenen beaufsichtigt werden.**
- **Halten Sie einen offenen Behälter mit Wasser bereit, falls Sie Erste Hilfe leisten müssen, und um das Feuer zu löschen.**

Lagerfeuer

Vorbereitung

Sammeln Sie Zweige in jeder Stärke, von streichholzgroßen bis fingerdicken, und auch Äste, von armdicken bis zu größeren Klötzen. Das Holz sollte trocken sein, denn feuchtes brennt schlecht und qualmt stark. Nehmen Sie weder Rhododendron

noch Eibe, denn beide setzen beim Verbrennen giftigen Rauch frei. Sorgen Sie für ausreichende Holzvorräte, damit das Feuer lodert, solange Sie sich bei ihm aufhalten.

Legen Sie vier dicke Äste im Quadrat um die Feuerstelle. So wird sie eingegrenzt und ein Sicherheitsabstand markiert. Entfernen Sie alles Brennbare aus dieser Zone und bespritzen Sie sie bei großer Trockenheit gegebenenfalls mit Wasser. Halten Sie neben der Feuerstelle auch immer einen offenen Behälter mit Wasser bereit, um das Feuer zu löschen. Wenn Sie Baumstämme um das Feuer gruppieren, um darauf zu sitzen, sollten diese mindestens zwei Meter entfernt sein.

Erklären Sie den Sicherheitsabstand, der beim Arbeiten mit dem Feuerstahl zu beachten ist (siehe oben). Wenn jemand ein Feuer

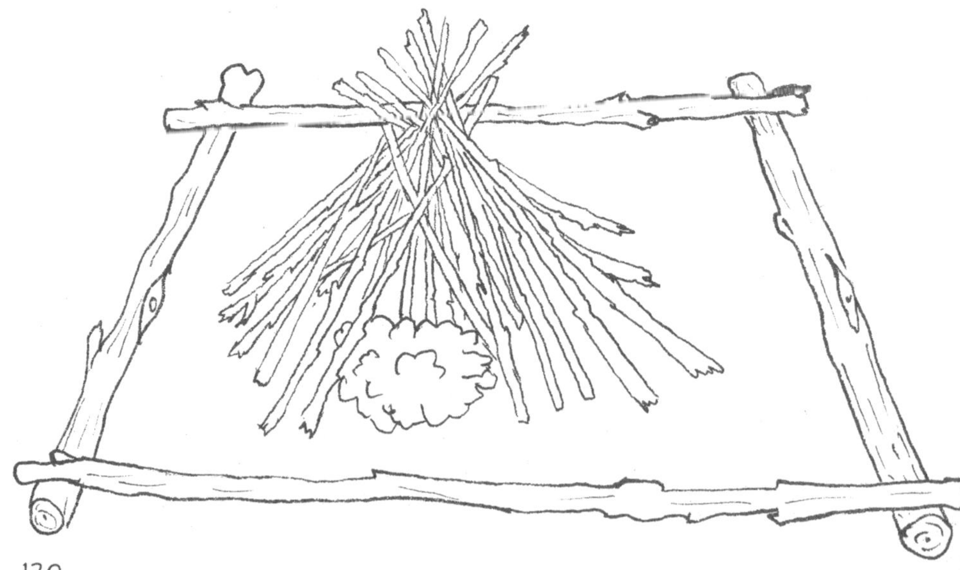

entfacht, müssen alle diesen Abstand einhalten, und niemand darf die Begrenzung der Feuerstelle überschreiten (die durch Äste oder anderweitig markiert ist). Stellen Sie sicher, dass wirklich alle diese Sicherheitsregeln verstanden haben, indem Sie die Kinder auffordern, sie zu wiederholen, vor allem, wenn es sich um eine größere Gruppe älterer Kinder handelt.

Erste Schritte

Demonstrieren Sie den Kindern, wie man Feuer macht. Dann können sie es selbst versuchen, natürlich unter Aufsicht und mit Unterstützung durch die Erwachsenen. Zerrupfen Sie zunächst einen Wattebausch – in diesem Zustand entzündet er sich leichter. Geben Sie dann mit dem Finger einen Tupfer Vaseline darauf. Dadurch fängt die Watte leichter Feuer und brennt länger.

Stellen Sie die dünnen Zweige in Form eines Kegels aneinander und lassen Sie eine Lücke, durch die Sie die Watte hineinlegen können. Sie sollte groß sein, denn Sie werden darin auch mit dem Feuerstahl hantieren.

Und los!

Umfassen Sie den Feuerstahl fest mit einer Hand und halten Sie ihn an den Wattebausch. Knien Sie sich auf ein Bein – so können Sie leichter vom Feuer abrücken als auf beiden Beinen. Achten Sie darauf, den Feuerstahl richtig herum zu halten (manche Modelle haben eine entsprechende Markierung). Setzen Sie die Klinge des Messers im 45°-Winkel auf den Stahl und führen Sie sie langsam und druckvoll nach unten. Führen Sie sie immer vom Körper weg und nach unten, und richten Sie den Stahl niemals auf jemand anderen. Achten Sie auch darauf, in welche Richtung der Wind weht – er kann Funken mit sich tragen. Die Funken, die Sie aus dem Stahl schlagen, entzünden die Watte, und so entsteht Feuer! Legen Sie das Feuerbesteck zur Seite, sobald das Feuer brennt. Zünden Sie nun die kleinen Zweige an und legen Sie, während das Feuer wächst, immer größere Holzstücke nach. Auch hier können die Kinder mithelfen, wenn ein Erwachsener gut auf sie aufpasst. Solange das Feuer brennt, muss stets ein Erwachsener die Feuerstelle im Blick haben.

Wenn Sie aufbrechen wollen, gießen Sie vorsichtig Wasser über die Feuerstelle (schütten Sie es nicht in einem Schwall darüber) und stellen Sie sicher, dass das Feuer vollständig erlischt. Auch das Löschen ist ein Riesenspaß! Sie können auch mit einem Stock das Wasser mit der Asche verrühren.

Feenfeuer

Feenfeuer sind eine tolle Sache für kleine Kinder. Sie eigenen sich auch sehr gut, um in einer größeren Gruppe allen Beteiligten die Möglichkeit zum Feuermachen zu geben. Dann können Sie sie auch als »Übung zum Feuermachen« oder anderweitig bezeichnen und nicht als »Feenfeuer«.

Vorbereitung

Demonstrieren Sie, wie man mit Feuerbesteck einen Wattebausch anzündet (wie auf S. 121 beschrieben).

Ausrüstung

- **Watte**
- **Vaseline**
- **Für jedes Kind eine Muschelschale (die bekommen Sie beim Fischhändler), oder aber Backbleche, saubere Blechdosen oder andere hitzebeständige Unterlagen**
- **Feuerbesteck aus Feuerstahl und Messer**

Erste Schritte

Zerrupfen Sie einen Wattebausch und schmieren Sie etwas Vaseline auf die Fasern, so wie beim Entzünden des Lagerfeuers.

Wir verwenden als Unterlage am liebsten Muschelschalen, weil sie aus der Natur stammen und schön anzusehen sind. Wenn Sie etwas Vaseline in die Muschel geben und den Wattebausch darauflegen, wird er nicht so leicht weggeweht.

Tipp:

Probieren Sie auch andere leicht brennbare Materialien aus. Der Kohlen-Kugelpilz etwa eignet sich hervorragend – er ist trocken wie Zunder. Sammeln Sie ihn, wie alles andere in der Natur, verantwortungsbewusst und in nicht zu großen Mengen.

Und los!

Unter der Aufsicht Erwachsener versuchen jetzt alle nacheinander, ein Feuer zu machen. Bestaunen Sie die Feenfeuer, die aufflammen, lodern und wieder verlöschen.

Abschluss

Fragen Sie die Kinder, wie es sich angefühlt hat, ein Feuer zu entzünden. Welche Methode hat sich im Umgang mit dem Feuerbesteck bewährt? Welche Techniken des Feuermachens haben unsere Vorfahren wohl benutzt? Nennen Sie als Beispiel etwa das Aneinanderreiben zweier Stöcke, bei dem Hitze und dadurch Feuer entsteht.

Sie könnten auch darüber sprechen, wofür Feuer verwendet werden kann und welche Gefahren es birgt.
(Auf S. 117 finden Sie hierzu ein paar Anregungen.)

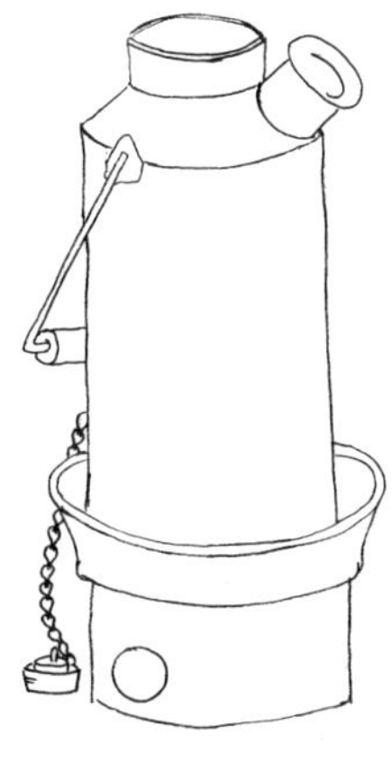

Der Kelly Kettle

Wenn man einen kalten, regnerischen Tag im Freien verbringt, was gibt es da Wohltuenderes als ein heißes Getränk? Das dachte sich wahrscheinlich auch der irische Fischer Patrick Kelly, als er in den 1890er-Jahren einen praktischen Wasserkocher erfand, der sich mit leicht verfügbarem natürlichem Brennmaterial wie etwa kleinen Zweigen oder Gras befeuern lässt. Der Kocher ist wie ein kleiner Kamin gebaut, sodass man damit auch bei Wind und Regen rasch Wasser erhitzen kann – ideal beim Fischen auf den irischen Seen. Die Erfindung verbreitete sich schon bald unter den irischen Anglern, und heute sind Kelly Kettles und vergleichbare Geräte auf der ganzen Welt verbreitet. Viele Camper, Wanderer, Kajakfahrer und Naturforscher wollen nicht mehr darauf verzichten.

Beim Umgang mit einem Kelly Kettle müssen Feuer und kochendes Wasser im Zaum gehalten werden. Das birgt gewisse Risiken. Wie bei anderen gefährlichen Tätigkeiten können die Kinder dabei aber auch den verantwortungsvollen Umgang mit Gefahren lernen, wodurch wiederum ihr Selbstwertgefühl, ihre Selbstsicherheit und ihr Selbstvertrauen steigen. Helfen Sie ihnen, mögliche Gefahren einzuschätzen, sprechen Sie mit ihnen darüber und überlegen Sie gemeinsam, wie sie eingedämmt werden können. Indem die Kinder sich die Anweisungen merken und sie befolgen, trainieren sie ihre

Aufmerksamkeit und ihr Gedächtnis. Und die Zubereitung und der Genuss heißer Getränke im Freien stärken den Zusammenhalt in der Gruppe sowie die Naturverbundenheit.

Ein Kelly Kettle ist vielseitig verwendbar. Sie können damit in der freien Natur Wasser abkochen, an kalten Tagen ein kleines, geschütztes Feuer machen, um sich die Hände zu wärmen, oder sich eine leckere heiße Schokolade zubereiten.

Ort	**Irgendein Ort im Freien. An manchen Stellen, wie in Parks oder geschützten Gebieten, brauchen Sie vielleicht die Einwilligung des Eigentümers. Erkundigen Sie sich in jedem Fall vorher.**
Altersgruppe	**Ab 4 Jahren**
Was dabei gefördert wird	**Verantwortungsbewusstsein ❁ Selbstwertgefühl ❁ sicherer Umgang mit Gefahren ❁ Selbstsicherheit ❁ Selbstvertrauen ❁ Konzentration ❁ Gedächtnis ❁ soziale Kompetenz ❁ Aufmerksamkeit ❁ sicherer Umgang mit Werkzeugen ❁ Naturverbundenheit**
Ausrüstung	**→ Kelly Kettle (leer oder bereits mit kaltem Wasser gefüllt und mit aufgesetztem Stopfen) → Zweige oder anderes natürliches Brennmaterial, wenn vor Ort kein trockenes zu finden ist → Feuerbesteck, Watte und Vaseline → Dicke Gartenhandschuhe → Pro Person eine Tasse → Ein Getränk Ihrer Wahl (wir machen am liebsten heiße Schokolade) → Ein offener Behälter mit Wasser (um den Kessel bei Bedarf zu füllen sowie zur Sicherheit)**

Sicherheit geht vor	→ **Achten Sie darauf, dass der Stopfen nicht auf dem Ausguss sitzt, wenn das Wasser kocht.** → **Ob ein Erwachsener den Feuerstahl benutzt oder ein Kind unter Aufsicht – halten Sie stets die Sicherheitsregeln ein, die auf den Seiten 119–122 beschrieben werden. Probieren Sie mit jedem Kind aus, was es kann, und wenn Sie den Eindruck haben, dass ein Kind selbstständig Feuer schlagen oder den Kessel ausgießen kann (natürlich unter Aufsicht eines Erwachsenen), erlauben Sie es ihm.** → **Ein Kocher, in dem ein Feuer brennt, muss stets von einem Erwachsenen beaufsichtigt werden, der mit der Funktionsweise der Apparatur vertraut ist. Lassen Sie ein Feuer niemals unbeaufsichtigt.** → **Halten Sie einen offenen Behälter mit Wasser bereit, um das Feuer gegebenenfalls zu löschen.**

Vorbereitung

Entfernen Sie zur Sicherheit aus einem Umkreis von einem Meter um den Kocher alle brennbaren natürlichen Materialien. Falls der Boden sehr trocken ist, bespritzen Sie ihn mit Wasser. Erklären Sie den Kindern den Sicherheitsabstand, der stets eingehalten werden muss, wenn jemand das Feuerbesteck benutzt (siehe S. 120). Um die Sicherheit noch zu erhöhen, legen Sie in einem Meter Abstand um den Kocher ein Quadrat aus Zweigen und erklären Sie, dass niemand diese Abgrenzung überschreiten oder in ihrer Nähe herumtollen darf.

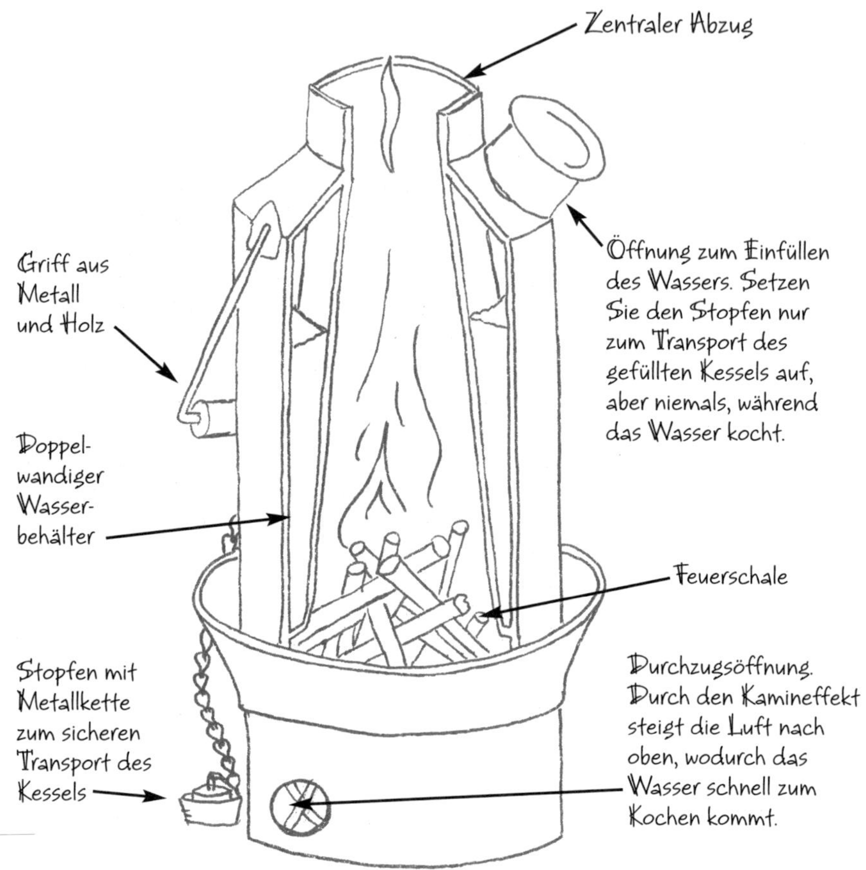

Zeigen Sie den Kindern den Kocher mit all seinen Bestandteilen (siehe oben). Führen Sie vor, wie man ihn sicher handhabt, entsprechend der Anleitung weiter unten. Zeigen Sie, wo man das Wasser einfüllt, wie man kleines Brennmaterial (etwa Zweige und Gräser) in die Feuerschale legt und größere Holzstücke in den Kamin. Demonstrieren Sie, wie man mit Feuerbesteck und einem mit Vaseline beträufelten Wattebausch Feuer macht (siehe S. 121).

Erste Schritte

Beziehen Sie die Kinder so weit wie möglich mit ein und fragen Sie sie vor jedem Schritt, was als Nächstes zu tun ist. Sammeln Sie trockenes Brennmaterial wie Zweige, Gras und Tannenzapfen, und bereiten Sie die Tassen mit den Getränken vor. Falls der Kessel leer ist, füllen Sie ihn mit Wasser, jedoch nur bis unterhalb des Ausgusses, damit es nicht herausspritzt, wenn es kocht. Setzen Sie den Stopfen nicht auf, sonst steigt während des Kochvorgangs der Druck, wodurch der Stopfen herausschießen und heißes Wasser herausspritzen kann.

Platzieren Sie die Feuerschale sicher auf dem Boden und richten Sie die Durchzugsöffnung so aus, dass der Wind hineinbläst und für starken Zug sorgt. Geben Sie etwas Vaseline auf den Wattebausch, legen Sie ihn in die Feuerschale und stellen Sie um ihn herum kleine Zweige in Form eines Kegels auf. Achten Sie darauf, dass die Zweige nicht im Weg sind, wenn Sie den Kessel auf die Feuerschale stellen.

Und los!

Die Kinder können selbst versuchen, Feuer zu machen, entsprechend der Anleitung und den Sicherheitshinweisen auf den Seiten 119–121. Beaufsichtigen Sie sie dabei, ermutigen Sie sie und helfen Sie ihnen. Wenn die Gruppe groß ist und nicht jeder drankommt, können Sie Material für Feenfeuer mitnehmen (siehe S. 122). Dann können alle das Feuermachen ausprobieren und es beim nächsten Mal mit dem Kocher versuchen.

Wenn das Feuer brennt, ziehen Sie die Handschuhe an. Umfassen Sie den Metallgriff mit beiden Händen an den Seiten und bringen Sie ihn

Querschnitt durch eine Feuerschale mit einem Wattebausch

in einen rechten Winkel zur Kesselwand (halten Sie ihn nicht über den Abzug, sonst könnten Sie sich verbrennen). Heben Sie den Kessel hoch und stellen Sie ihn auf die Feuerschale. Jetzt können Sie durch die Öffnung des Kamins weiteres Material hineingeben, damit das Feuer so lange wie nötig brennt. Um Verbrennungen zu vermeiden, halten Sie die Hand dabei nie direkt über die Öffnung, sondern werfen Sie das Material von der Seite hinein.

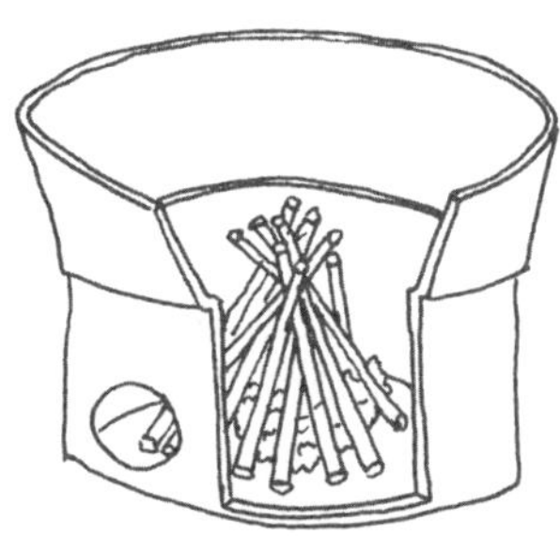

Querschnitt durch eine Feuerschale mit einem Kegel aus Zweigen

Für das Feuermachen in einem Kelly Kettle empfehlen wir Feuerbesteck, weil dabei weder Gas noch Benzin zur Neige gehen können und es auch funktioniert, wenn es feucht ist. Außerdem macht es viel mehr Spaß als mit Streichhölzern! Wenn Sie lieber Streichhölzer oder ein Feuerzeug verwenden, können Sie das Feuer auch durch das Luftloch entzünden, während der Kessel bereits aufgesetzt ist.

Feuerschale mit einem großen Kegel aus Zweigen

Welches Wetter auch herrscht, schon nach wenigen Minuten wird das Wasser kochen und Dampf wird aus dem Ausguss treten. Um Verbrennungen zu vermeiden, tragen Sie Handschuhe, wenn Sie den Kessel von der Feuerschale heben (siehe oben). Zum Ausgießen des Wassers kippen Sie den Kessel, indem Sie mit einer Hand den Holzgriff fassen und mit der anderen die Kette. Auch das können die Kinder natürlich unter Aufsicht selbst versuchen. Um Verbrühungen an den Händen zu vermeiden, sollten Sie die Tassen stets auf den Boden stellen, bevor Sie das Wasser hineingießen. Stellen Sie den Kessel an einer sicheren Stelle ab und lassen Sie das Feuer ausgehen (Sie können später auch Wasser darüber schütten, um sicherzustellen, dass es erlischt).

Lassen Sie die Getränke kurz abkühlen, und dann genießen Sie sie!

Abschluss

Eine kurze Auszeit in der freien Natur mit einem heißen Getränk in der Hand ist eine gute Gelegenheit, mit den Kindern in ruhiger Atmosphäre darüber zu sprechen, wie sie sich fühlen, was sie an diesem oder an vorherigen Tagen in der Waldschule gelernt haben, und was sie gern einmal ausprobieren oder noch einmal machen würden. Vielleicht haben sie ja Lust, einmal mit Zutaten aus der Natur Getränke zuzubereiten (siehe S. 135).

Sie können auch darüber sprechen, wo natürliche Materialien für das Feuer im Kelly Kettle zu finden sind. So kann man zum Beispiel einem abgestorbenen, umgestürzten Baum seine Rinde abnehmen, auf einer Wiese gibt es trockenes Gras und in einem Nadelwald lassen sich Tannenzapfen einsammeln. Gehen Sie auch noch einmal auf Sinn und Zweck der Sicherheitsregeln im Umgang mit dem Kocher ein. Dadurch werden die Kinder selbstständiger und fühlen sich verantwortlich für den richtigen Gebrauch.

Aber natürlich können Sie es sich auch einfach nur gemütlich machen und Ihr Getränk und die Umgebung genießen.

Nahrung aus der Natur

Die Natur hält zu jeder Jahreszeit ein reichhaltiges Nahrungsangebot bereit: saftiges grünes Laub im Frühjahr, leckere Blumen im Sommer, und süße Früchte und knackige Nüsse im Herbst. Die Bandbreite natürlicher Nahrung ist weitaus größer als das relativ kleine Angebot an frischer Ware im Supermarkt. In früheren Zeiten, als die Menschen noch Jäger und Sammler waren, nahm die Suche nach Nahrung den größten Teil des täglichen Lebens ein.

Nahrung aus der Natur schmeckt meist völlig anders als das, was wir sonst zu uns nehmen. Unser Sohn pflückt gern essbare Beeren und probiert gern Sachen, die er in der Natur gefunden hat. Seiner Reaktion nach scheint ihm manches zu schmecken, und anderes scheint eher gewöhnungsbedürftig zu sein. Oft ist natürliche Nahrung reich an Vitaminen und Mineralien und verfügt über heilende Wirkung. Manche Pflanzen sind jedoch ausgesprochen giftig. Pflücken Sie daher nur solche, die Sie zweifelsfrei erkennen. Wenn Sie unsicher sind, lassen Sie die Finger davon. Wie immer, wenn es ums Essen geht, schmeckt nicht alles allen in gleichem Maße. Es ist daher ratsam, jeweils erst eine geringe Menge zu sammeln, bevor Sie größere Mengen pflücken und zubereiten. Halten Sie sich beim Sammeln von Nahrung möglichst von verschmutzten Stellen fern, wie etwa Straßen, Feldern, die mit

Pestiziden behandelt werden, und Gebieten, in denen Hunde ausgeführt werden.

Wir teilen uns diese Welt mit zahlreichen Tierarten, die ihre Nahrung einzig und allein aus dieser riesigen Vorratskammer beziehen. Halten Sie sich das stets vor Augen und denken Sie nachhaltig, dehnen Sie die Nahrungssuche auf ein möglichst großes Gebiet aus und vermeiden Sie es, eine Pflanze vollständig abzuernten oder auszureißen. Beachten Sie die Anweisungen bezüglich dessen, was Sie pflücken dürfen und was nicht, und sprechen Sie bei Bedarf vorher mit dem Grundeigentümer.

Ort	**Viele Orte sind geeignet: Waldgebiete, Parks, Brachland, Gärten, Wiesen, Heckenlandschaften und Flussauen**
Altersgruppe	**Ab 4 Jahren**
Was dabei gefördert wird	**Naturverbundenheit ❁ Bestimmen von Pflanzen ❁ Bewegung ❁ Neugier ❁ Selbstwertgefühl ❁ Konzentration ❁ Selbstvertrauen ❁ nachhaltiges Denken ❁ Selbstständigkeit ❁ Kommunikation ❁ Ernährungsbewusstsein**
Sicherheit geht vor	**Da viele Pflanzen giftig sind, ist es äußerst wichtig, natürliche Nahrung eindeutig zu bestimmen. Nehmen Sie ein Bestimmungsbuch mit oder sehen Sie mit Ihrem Smartphone auf Internetseiten nach, die essbare Pflanzen abbilden. Gehen Sie auf die Suche nach leicht erkennbaren Pflanzen, wie diejenigen, die wir Ihnen hier vorstellen.**

Die Pflanzen, die wir im Folgenden erwähnen, sind weit verbreitet und leicht zu bestimmen. Machen Sie sich aber auch selbst auf die Suche und erweitern Sie Ihr Spektrum an natürlicher Nahrung. Die Suche nach Essbarem in der Natur ist ein wunderbares Erlebnis und schafft eine tiefe Verbundenheit mit unserer Umgebung. Künftig werden Sie »Unkraut« mit ganz anderen Augen betrachten!

Die Suche nach Nahrung ist eine lebhafte Beschäftigung, die die Gesundheit und die Naturverbundenheit der Kinder fördert. Sie animiert zum Nachdenken über die Herkunft dessen, was wir essen, und den verantwortungsvollen Umgang mit natürlichen Ressourcen. Sie kann auch dazu führen, dass die Kinder Lust aufs Kochen bekommen und mehr über Ernährung erfahren wollen. Beim Bestimmen der verschiedenen Pflanzenarten lernen sie, Verbindungen herzustellen, es fördert Kommunikation, Neugier und Konzentration, und es steigert Selbstsicherheit und Selbstvertrauen. Leckere natürliche Nahrung zu finden und ihre wohltuende Wirkung zu erfahren, stärkt das Gefühl der Selbstständigkeit.

Wenn Sie sich auf die Suche nach Leckerbissen aus der Natur machen und dabei am Boden unter Büschen stöbern, im Laub wühlen, Ihr Wissen in Sachen Jahreszeiten und Gelände anwenden und dadurch genau das finden, wonach Sie gesucht haben, dann werden Sie die Welt mit anderen Augen sehen und der Jäger und Sammler in Ihnen wird erwachen!

Saft aus Kletten-Labkraut

Ausrüstung

- **Saubere Gartenhandschuhe für alle**
- **Wasser, um Hände und Labkraut zu waschen (dazu Seife zum Händewaschen)**
- **Pro Person zwei Tassen**
- **Stößel (falls Sie nicht selbst einen anfertigen)**
- **Kartoffelschäler (für ältere Kinder, die ihre Stößel selbst machen)**

Zutaten

- **Pro Tasse Saft eine Tasse Kletten-Labkraut**
- **Apfelsaft**

Das Kletten-Labkraut (*Galium aparine*) heißt auch Gänsegras (weil Gänse es gern fressen) oder Klebkraut (weil es an fast allem hängen bleibt). Viele Kinder kennen diese Pflanze und hatten wahrscheinlich schon oft ihren Spaß dabei, wenn sie eine Handvoll Labkraut nach ihren Freunden geworfen haben und diese dann das Kraut an ihrer Kleidung herumgetragen haben (was besonders lustig ist, wenn sie es nicht bemerken, weil das Kraut an ihrem Rücken hängt).

Die Stängel, Blätter und Früchte dieser einjährigen Pflanze haben borstige Haken, mit denen sich das Kraut festsetzt, wodurch es seine Verbreitung sichert. Die schmalen, lanzettförmigen Blätter stehen meist zu sechst bis acht in Quirlen um den Stängel, der bis zu drei Meter hoch werden und am Boden entlang oder nach oben und über andere Pflanzen hinweg wachsen kann. Von Mai bis August treibt die Pflanze kleine, weiße vierblättrige Blüten, die sich zu runden Früchten entwickeln.

Kletten-Labkraut findet sich meist an feuchten, grasbewachsenen Standorten, in Heckenlandschaften und Wäldern, auf Kiesböden, in Gärten, auf Brachland und an Ackerrändern. Die traditionelle Kräuterheilkunde bescheinigt ihm bei äußerer Anwendung eine reinigende Wirkung. Früher wurde es zur Wundheilung sowie zur Behandlung der unterschiedlichsten Hauterkrankungen verwendet. Die besten Erntezeiten sind Frühling und Sommer, bevor die Pflanzen ihre Samen verbreiten und leicht holzig werden.

Vorbereitung

Sammeln Sie eine Handvoll Kletten-Labkraut und zeigen Sie es den Kindern.

Geben Sie jedem Kind ein Paar Handschuhe, denn die Pflanzen können ziemlich stachelig sein. Die Handschuhe dienen auch der Vorbeugung, da Labkraut bei Hautkontakt gelegentlich Reizungen auslösen kann (der Saft ist aber völlig ungefährlich).

Erste Schritte

Sie können den Stößel eines Mörsers verwenden, aber auch selbst einen anfertigen. Suchen Sie sich einen etwa zwei Finger dicken Ast mit stumpfem Ende und ziehen Sie mit dem Kartoffelschäler die Rinde ab. (Auf S. 69 finden Sie Hinweise zur Verwendung des Kartoffelschälers.)

Machen Sie sich jetzt auf die Suche nach dem Kletten-Labkraut! Für eine Tasse Saft brauchen Sie eine Tasse junger Blätter und zusätzlich eine Handvoll anderer Pflanzenteile, um den Saft abzuseihen.

Und los!

Waschen Sie Ihre Hände und die Blätter. Geben Sie die Blätter in eine Tasse und fügen Sie einen Spritzer Apfelsaft hinzu.

Zerdrücken Sie mit dem Stößel die Blätter (dabei brauchen Sie keine Handschuhe zu tragen), bis der darin enthaltene grüne Saft gänzlich ausgetreten ist. Geben Sie bei Bedarf noch etwas Apfelsaft hinzu.

Die Mischung wird nicht ganz frei von kleinen Pflanzenteilen sein. Um den Saft zu filtern, formen Sie eine Handvoll Labkraut zu einem Klumpen, legen Sie diesen auf die zweite Tasse und seihen Sie den Saft durch dieses natürliche Sieb ab.

Jetzt ist der Saft aus Kletten-Labkraut fertig. Lassen Sie ihn sich schmecken!

Frittierte Holunderblüten

Ausrüstung
- **Behälter für die gesammelten Holunderblüten**
- **Geschirrtuch**
- **Rührschüssel**
- **Schneebesen oder Gabel**
- **Frittierpfanne oder Fritteuse**
- **Küchenpapier**

Zutaten
- **Pro Portion ein Holunderzweig mit Blütenstand**
- **Sonnenblumenöl zum Frittieren**
- **Zucker zum Darüberstreuen**

Für den Ausbackteig (für 4 Personen)
- **1 Ei**
- **100 g Mehl**
- **140 ml Wasser**
- **Salz**

Holunder (*Sambucus nigra*) wächst als sommergrüner Busch oder kleiner Baum in Wäldern, Parks und Heckenlandschaften sowie in Gestrüpp und auf Brachland. Die gefiederten Blätter bestehen aus fünf gezackten Blättchen. Gegen Frühlingsende bilden sich große Blütenstände aus kleinen, cremefarbenen Blüten. Diese werden im Herbst zu kleinen, glänzenden schwarzen Beeren. Die Blüten verströmen einen charakteristischen süßen Duft, der stark ihrem Geschmack ähnelt.

Holunder ist eine traditionelle Heilpflanze, die vielseitig verwendet wird. Die Beeren zu essen und ihren Saft zu trinken, ist zum Beispiel ein weit verbreitetes Mittel bei Erkältung und Fieber. Angeblich sorgt Holunder auch für weiche Haut, und im 19. Jahrhundert stand in vielen Haushalten Holunderwasser, das gegen Sommersprossen und Sonnenbrand helfen sollte. Auch in Legenden und im Aberglauben ist der Holunder weit verbreitet. So hält etwa ein Holunderbusch hinter dem Haus angeblich Hexen fern. Mit Holunder lässt sich alles Mögliche anstellen und es gibt auch viele Rezepte damit: für Sorbets, Liköre, Gelee, Eis und Marmelade. Frittierte Holunderblüten können über dem Lagerfeuer oder zu Hause zubereitet werden.

Vorbereitung

Zeigen Sie den Kindern zunächst einen Blütenstand, damit sie wissen, wonach sie Ausschau halten sollen. Geben Sie ihnen dann Behälter, in denen sie die Blütenstände sammeln können.

Erste Schritte

Sammeln Sie Holunderblüten, die frei von Insekten und noch jung, aber schon geöffnet sind – sie sollten nicht abfallen, wenn sie geschüttelt werden. Lassen Sie einen Stängel von 2 bis 3 cm an den Blütenständen, wenn Sie sie pflücken. Ein Blütenstand ergibt eine Portion (wenn sie sehr groß sind, auch mehr). Geben Sie sie in einen Behälter, damit sie nicht beschädigt werden und frisch bleiben.

Und los!

Reinigen Sie sich nach dem Sammeln sorgfältig die Hände und waschen Sie die Blüten in kaltem Wasser. Schütteln Sie sie trocken und legen Sie sie auf ein Geschirrtuch. Verrühren Sie Mehl, Wasser, Salz und Ei zu einem festen Teig. Nehmen Sie die Blütenstände bei den Stängeln und tauchen Sie sie in den Teig, sodass sie ganz bedeckt sind.

Geben Sie etwa 5 cm hoch Öl in die Pfanne. Wenn das Öl heiß ist, reduzieren Sie die Hitze ein wenig und frittieren Sie die von Teig umhüllten Blütenstände, bis sie goldbraun sind. Legen Sie sie auf Küchenpapier, lassen Sie das Öl abtropfen und schneiden Sie die Stängel ab. Bestreuen Sie sie mit Zucker und servieren Sie sie, solange sie noch warm sind. Eine Köstlichkeit aus der Natur!

Brombeereis

Ausrüstung

- **Saubere Gartenhandschuhe für alle**
- **Wasser, um die Brombeeren zu waschen (Seife zum Händewaschen)**
- **Behälter zum Sammeln der Beeren**
- **Topf**
- **Sieb**
- **Rührschüssel**
- **Schneebesen**
- **Gefriergeeignete Schüssel**
- **Frischhaltefolie**

Zutaten

- **450 g frische Brombeeren**
- **140 ml Wasser**
- **100 g feiner Zucker**
- **1 Eiweiß**

Brombeersträucher (*Rubus* sectio *Rubus*) wachsen im Unterholz von Wäldern, in Heckenlandschaften und Gärten, auf Brachland und in Parks. Es gibt zahlreiche Unterarten, deren Früchte alle leicht unterschiedlich schmecken. Probieren Sie alle aus, die Sie entdecken, und finden Sie Ihre Lieblingsbrombeere!

Brombeeren sind sommergrüne, verholzende Sträucher, deren Stacheln so fest und spitz sind, dass sie Kleidung einreißen können. Die fünfzähligen, weißen oder rosa Blüten sind von Mai bis September zu sehen und reifen zwischen August und November zu schwarzglänzenden Früchten. Am süßesten sind in der Regel diejenigen, die schon im August reif sind.

Brombeeren gehören zum Speiseplan zahlreicher Insekten, Vögel und Säugetiere. Brombeerkerne im Magen eines Menschen aus dem Neolithikum, der im Südosten Englands gefunden wurde, belegen, dass schon in prähistorischer Zeit unsere Vorfahren diese Beeren gegessen haben. Brombeeren sind ausgesprochen nahrhaft und gesundheitsfördernd. Sie enthalten zahlreiche Mineralstoffe und Vitamine, darunter Vitamin C, und die Samen sind reich an Omega-3- und Omega-6-Fettsäuren, Proteinen und Ballaststoffen.

Vorbereitung

Ziehen Sie los und suchen Sie nach Brombeersträuchern. Denken Sie daran, passende Kleidung und Handschuhe zu tragen, um sich gegen die spitzen Stacheln der Pflanzen zu schützen.

Erste Schritte

Natürlich werden Sie ein paar von diesen leckeren Früchten gleich an Ort und Stelle verspeisen (waschen Sie vorher sowohl die Beeren als auch Ihre Hände), aber sehen Sie zu, dass Sie etwa 450 g davon aufbewahren, um sie einmal auf andere Weise zu genießen. Verstauen Sie sie in Ihrem Behälter und nehmen Sie sie mit nach Hause.

Und los!

Waschen Sie die Beeren und stellen Sie sie zur Seite. Geben Sie den Zucker in das Wasser und bringen Sie es zum Kochen, sodass der Zucker sich restlos auflöst und Sirup entsteht. Lassen Sie den Sirup abkühlen und drücken Sie währenddessen die Brombeeren durch ein Sieb. Wenn der Sirup gänzlich abgekühlt ist, geben Sie den Beerensaft hinzu.

Schlagen Sie in einer Schüssel das Eiweiß mit dem Schneebesen, bis sich Spitzen bilden. Heben Sie den Brombeersirup unter. Geben Sie die Masse in eine gefriergeeignete Schüssel, bedecken Sie sie mit Frischhaltefolie und stellen Sie sie in das Gefrierfach. Wenn sich in der Masse nach ca. 30 Minuten Eiskristalle gebildet haben, nehmen Sie sie aus dem Gefrierfach und rühren Sie sie um, um das Eis zu zerkleinern. Lassen Sie sie weitere 30 Minuten gefrieren und rühren Sie erneut um. Wiederholen Sie den Vorgang ein drittes Mal. Stellen Sie das Eis wieder in den Gefrierschrank und lassen Sie es gefrieren, bis es fest ist (das dauert ca. drei Stunden). Jetzt können Sie Ihr leckeres Brombeereis anrichten und servieren. Genießen Sie es gemeinsam mit Ihren Freunden und erzählen Sie ihnen von Ihren Erlebnissen beim Beerensammeln in der Natur.

Abschluss

Hat den Kindern die Nahrung aus der Natur geschmeckt und hat es ihnen Spaß gemacht, sie gemeinsam mit anderen zu suchen und zuzubereiten? Wenn ja, warum? Würden sie gern noch andere Naturnahrung ausprobieren? Gelegenheit dazu gibt es genug – die Natur ist eine einzige große Vorratskammer! Hat jemand eine Idee, was die Natur noch alles an Nahrung bereithält? Erinnern Sie die Kinder daran, dass sie nur solche Sachen aus der Natur essen dürfen, die von jemandem bestimmt wurden, der sich damit auskennt, denn manche Pflanzen sind giftig, und andere selten und kostbar.

Ein spannendes Gesprächsthema ist auch die Frage, woher unsere Lebensmittel stammen. Das Angebot in der Frischeabteilung im Supermarkt besteht aus vom Menschen kultivierten Sorten, die aus Wildsorten hervorgegangen sind. Mais ist zum Beispiel mit einer dunklen, hartschaligen Frucht namens Teosinte verwandt. Sie können mit den Kindern auch über Ernährung sprechen, darüber, was unser Körper braucht, um zu wachsen und Energie zu gewinnen, und über die Heilkräfte von Pflanzen.

Glauben die Kinder, auch Tiere würden die Naturnahrung essen, die sie selbst probiert haben? Kanadagänse lassen sich Labkraut schmecken, viele Vogelarten genießen im Herbst den Holunder und der C-Falter verspeist für sein Leben gern Brombeerblüten. Sprechen Sie mit den Kindern auch über den nachhaltigen Umgang mit natürlichen Ressourcen, der darin besteht, nie im Übermaß zu ernten, damit auch andere Lebewesen die Pflanzen nutzen können und deren Wurzeln und Samen für künftiges Wachstum sorgen.

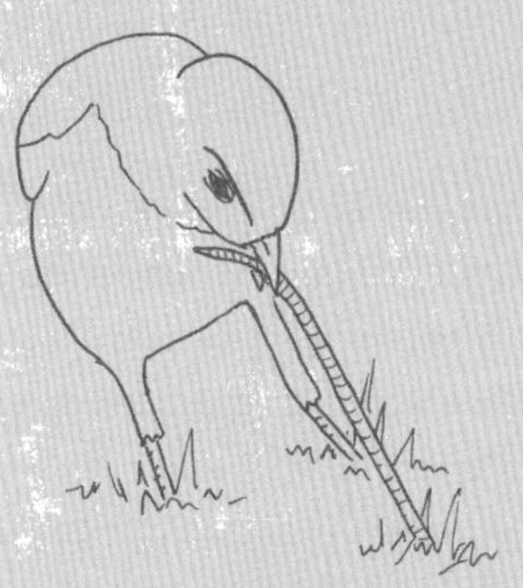

Gruppenspiele in der Natur

Für jeden von uns kann es mitunter schwierig sein, sich in einer Gruppe zurechtzufinden, vor allem im Kreis von Menschen, die wir noch nicht kennen. Bei uns allen kommen dabei starke und weniger starke Seiten zu Tage. Manchmal nehmen wir eine bestimmte Rolle ein, und manchmal weist uns die Gruppe einen Platz zu, den wir aus freien Stücken nicht unbedingt eingenommen hätten. Kinder haben es in solchen Situationen nicht leichter. Manche haben keine Scheu sich zu äußern und stehen gern im Mittelpunkt, während andere eher zurückhaltend sind. Manche geben sich nur ungern mit einer scheinbar unbedeutenden Rolle zufrieden, und andere wollen am liebsten gar nicht mitmachen, aus Angst, sie könnten »dumm dastehen« oder in Verlegenheit geraten.

Bei Spielen in der Natur können Kinder das Verhalten in der Gruppe lernen und dabei soziale Kompetenzen entwickeln. Die Spiele sind lebhaft, zielgerichtet und ein Riesenspaß für alle. Sie sorgen für Wohlbefinden und helfen zudem beim Kennenlernen, weil sie die Aufmerksamkeit von den Spielern auf das gemeinsame Spiel lenken. Jeder Beteiligte kann dabei verschiedene Rollen einnehmen, etwa als dieses oder jenes Tier, und kann gleichberechtigt seinen Teil beitragen. Die Spiele veranschaulichen, wie alles in der Natur, einschließlich uns Menschen, miteinander in Verbindung steht. Dadurch lernen wir, Beziehungen aufzubauen und anderen zu vertrauen, und erleben ein Gefühl der Zugehörigkeit. Die Spiele bilden den idealen Einstieg für einen Tag im Freien und geben allen das Gefühl, ein Teil der Gruppe zu sein.

Welches Tier bin ich?

Obwohl bei diesem Spiel alle auf ihren Plätzen sitzen bleiben, geht es dabei ziemlich lebhaft zu! Es kostet Mühe, nicht zu kichern oder vorschnell eine Antwort zu rufen, wenn die Lösung mit jeder Frage näher rückt ... oder aber sich wieder entfernt! Alles hängt von den Fähigkeiten des Detektivs ab.

Bei einem Ratespiel können Kinder auf spielerische Art und Weise viel Interessantes über Tiere lernen. Das Wechselspiel von Frage und Antwort fördert die Sprachfertigkeit, und um das Rätsel zu lösen, sind logisches und vernetztes Denken sowie die Kunst des Schlussfolgerns erforderlich. Dieses Spiel eignet sich sehr gut, um den Zusammenhalt in einer Gruppe zu stärken, weil sich dabei alle auf dieselbe Frage konzentrieren und zusammenarbeiten. Außerdem bietet jede Raterunde eine spannende Herausforderung.

Vorbereitung

Basteln Sie zunächst Karten mit Tierbildern. Wenn Sie hierfür Tiere auswählen, die in Ihrer Gegend vorkommen, kann das die Naturverbundenheit der Kinder stärken, aber Ihrer Fantasie sind dabei keine Grenzen gesetzt. Überlegen Sie, welche Tiere den Kindern in diesem Spiel Freude machen könnten. Auf den Karten sollten der Name des Tieres und sein Bild zu sehen sein. Das Bild können Sie aus dem Internet herunterladen, aus einer Zeitschrift ausschneiden oder aus einem Buch kopieren. Wenn Sie sich künstlerisch inspiriert fühlen, können Sie aber auch selbst eine Zeichnung anfertigen!

Ort	**An jedem beliebigen Ort, am besten jedoch im Freien, in einer Gegend, in der zumindest einige der Tiere leben, die auf den Karten abgebildet sind**
Altersgruppe	**Ab 5 Jahren**
Teilnehmerzahl	**Mindestens zwei (je mehr, desto besser!)**
Was dabei gefördert wird	**Logisches und schlussfolgerndes Denken ❁ Sprachfertigkeit ❁ Teamarbeit ❁ Konzentration ❁ tierkundliches Wissen**
Ausrüstung	**→ Karten mit Tierbildern → Merkblatt Tierwissen (wahlweise) → Klebeband → Sicherheitsnadeln**

Merkblatt Tierwissen

Maulwurf

Säugetier; samtiges, schwarzgraues Fell; lange, spitze Schnauze; vier Pfoten (schaufelförmig, kräftig entwickelte Vorderpfoten); kleine Augen; ernährt sich von Regenwürmern, Schnecken und Insektenlarven; lebt unter der Erde in einem Tunnelsystem, meist in Weideland, Gärten und Wäldern; kann nicht fliegen; hält keinen Winterschlaf; tag- und nachtaktiv; legt keine Eier; Einzelgänger

Dachs

Säugetier; schwarz-weißes Fell; vier Pfoten mit kräftigen Krallen; kleine Augen; ernährt sich vor allem von Regenwürmern und Insekten, verzehrt manchmal aber auch kleine Tiere, Früchte und Getreide; lebt meist in einem unterirdischen Tunnelsystem, oft in der Nähe von Wäldern, Feldern und Wiesen; kann nicht fliegen; hält keinen Winterschlaf; nachtaktiv; legt keine Eier; lebt in Gemeinschaft

Regenwurm

Wirbellos; hat kein Fell, sondern Borsten auf dem gegliederten Körper; hat keine Füße; hat keine Augen; ernährt sich von Erde und organischem Material; lebt im Erdboden; kann nicht fliegen; hält keinen Winterschlaf; nachtaktiv; legt Eier; Einzelgänger

Honigbiene

Insekt; behaarter Körper; sechs Beine; fünf Augen; ernährt sich von Pollen und Nektar; baut in hohlen Baumstämmen Behausungen aus Wachs; kann fliegen; hält Winterschlaf; tagaktiv; legt Eier; lebt in Gemeinschaft

Verstärken Sie das Papier mit festem Karton. Kleben Sie einen Streifen Klebeband über den oberen Rand der Karten (damit die Kinder die Karten richtigherum anstecken) und stecken Sie eine Sicherheitsnadel hindurch.

Wenn die Kinder vielleicht nicht genug über die Tiere wissen, können Sie vor Spielbeginn über deren Charakteristika sprechen. Dabei hilft ein Merkblatt (siehe links).

Erste Schritte

Entscheiden Sie, wer als Erstes der Detektiv sein soll. (Alle Kinder kommen der Reihe nach dran.) Dann zieht eines der anderen Kinder eine Tierkarte und steckt sie dem Detektiv an den Rücken, ohne dass dieser sie sieht. Der Detektiv dreht sich erst um, damit die anderen die Karte sehen können, und wendet sich ihnen dann wieder zu. Jetzt kann das Ratespiel beginnen!

Tipp:

Ältere Kinder, die schon viel über Tiere wissen, können auch ohne Karten spielen. Dadurch kann das Spiel beliebig lange dauern – was an einem verregneten Tag oder während einer langen Autofahrt sehr hilfreich ist!

Und los!

Der Detektiv stellt den anderen Kindern Fragen, um dadurch herauszufinden, welches Tier er ist, zum Beispiel: Kann ich fliegen? Lebe ich in der Erde? Habe ich ein Fell? Die Gruppe darf nur mit Ja oder Nein antworten. Wenn der Detektiv die Lösung zu kennen glaubt, darf er raten. Wenn er herausgefunden hat, welches Tier er ist, kommt ein anderes Kind an die Reihe.

Abschluss

Sprechen Sie mit den Kindern über die Tiere auf den Karten. Wenn Sie zum Beispiel eine Karte mit einer Honigbiene haben, können Sie darüber sprechen, wie Bienen durch Bestäubung dazu beitragen, dass Pflanzen Früchte hervorbringen. Honigbienen fliegen von Blüte zu Blüte und sammeln dabei Nektar (eine zuckerhaltige Flüssigkeit, die in den Blüten erzeugt wird), den sie zu Honig weiterverarbeiten, sowie Pollen (eine mehlartige Masse, die das männliche Erbgut der Pflanze enthält), der ihnen als Nahrung dient. Dabei bringen sie den männlichen Pollen auch zu den weiblichen Teilen anderer Blüten, wodurch neue Samen entstehen. Anders als wir Menschen können Bienen Farben im ultravioletten Spektrum sehen. Sie erkennen auf den Blüten Markierungen, die auf sie wie die Leuchtfeuer eines Flughafens wirken und sie auf ihrem Weg zum Nektar am Pollen vorbeiführen. Eine Beziehung, die beiden Seiten nützt!

Welche Tiere mögen die Kinder am liebsten, und warum? Waren sie lieber der Detektiv oder Teil der Gruppe? Und warum?

Waldbrand

Stellen Sie sich ein Feuer vor, das sich prasselnd und zischend durch den Wald frisst, die Rauchwolken, die sengende Hitze, die orange und rot lodernden Flammen, die von Ast zu Ast springen. Dieses Spiel trägt die ganze Kraft des Feuers in sich. Es ist ideal, um einen Tag im Freien zu beginnen, wenn alle noch aufgekratzt und voller Bewegungsdrang sind, bevor andere Aktivitäten folgen, die mehr Konzentration erfordern.

Dieses Spiel stärkt den Zusammenhalt in der Gruppe, denn es erfordert Teamarbeit und strategisches Denken, vor allem, wenn alle sich gemeinsam bewegen müssen, damit das Feuer größer wird. Wenn man lernt, den Flammen aus dem Weg zu gehen, wachsen zudem Selbstvertrauen und Selbstsicherheit, und wenn man sich fortwährend umdrehen und ducken muss, werden körperliches Geschick und Koordination gefördert. In erster Linie ist dieses Spiel aber die pure Freude und ein Riesenspaß. Alle sausen herum, der Waldbrand kennt keine Grenzen und schießt in unterschiedliche Richtungen, und die Spannung steigt, während das Feuer sich sein nächstes Opfer sucht.

Wir lieben dieses Spiel ganz besonders, so wie alle Kinder, mit denen wir es je gespielt haben.

Vorbereitung

Kinder neigen dazu, in alle Richtungen davonzulaufen. Legen Sie daher ein rechteckiges Gebiet als Spielfeld fest, das ausreichend groß ist, damit alle darin herumlaufen können. An den beiden Enden des Spielfelds liegen Sicherheitszonen. Entscheiden Sie, wer die erste Flamme sein soll (oftmals ist das ein Erwachsener).

Erste Schritte

Überlegen Sie gemeinsam mit den Kindern, welche Tiere in der Gegend leben könnten. Einigen Sie sich auf drei oder vier Arten, die dort, wo Sie spielen, vermutlich vorkommen. Im Wald können das zum Beispiel Eule, Fuchs, Hase oder Schmetterling sein.

Ort	**Die beste Atmosphäre bietet eine Lichtung in einem Wald, in dem verschiedene Tierarten leben und wo die Kinder sich leicht einen Waldbrand vorstellen können. Aber jedes andere Gelände, in dem die Kinder herumlaufen können, eignet sich genauso.**
Altersgruppe	**Ab 4 Jahren**
Teilnehmerzahl	**Mindestens sechs**
Was dabei gefördert wird	**Bewegung ❁ körperliches Geschick ❁ Teamarbeit ❁ Selbstsicherheit ❁ Selbstvertrauen ❁ strategisches Denken ❁ Rollenspiel**
Ausrüstung	**Nicht erforderlich**

Alle Spieler, die nicht Feuer sind, entscheiden sich, welches Tier sie sein wollen. So entstehen mehrere Gruppen.

Jetzt gehen die Spieler auf ihre Plätze. Alle versammeln sich in einer der beiden Sicherheitszonen, nur das Feuer steht in der Mitte der Spielfläche.

Und los!

Das Feuer ruft eine der Tierarten auf (zum Beispiel: »Eule!«). Jetzt müssen alle diese Tiere am Feuer vorbei in die andere Sicherheitszone laufen. Wie bei einem echten Feuer fängt alles, was die Flammen berühren, ebenfalls zu brennen an. Alle Spieler, die das Feuer getroffen hat, halten sich bei den Händen. Dann überlegen sie gemeinsam, welche Tierart sie als Nächstes aufrufen. Um sie zu fangen, müssen sie immer gemeinsam in dieselbe Richtung laufen.

Wer es in die gegenüberliegende Sicherheitszone geschafft hat, ohne gefangen zu werden, läuft jetzt wieder zurück in die erste Sicherheitszone.

Achtung:

Wer die Grenzen des Spielfelds überschreitet, wird automatisch Feuer. Also Vorsicht!

Wieder ruft das Feuer eine Tierart auf, zum Beispiel »Fuchs!«. Jetzt laufen alle Füchse auf die andere Seite und versuchen, dem Feuer auszuweichen. Wenn das Feuer »Waldbrand!« ruft, müssen alle Tiere das Spielfeld durchqueren. Die Spieler, die gefangen werden, halten einander bei den Händen, und so wird das Feuer immer größer. In dieser Art geht das Spiel weiter hin und her, bis nur noch ein Spieler übrig ist – das ist der Sieger!

Jetzt kann das Spiel von Neuem beginnen. Der Sieger kann selbst das Feuer sein oder jemand anderen dafür auswählen. Wenn alle wollen, kann das Spiel so lange weitergehen, bis jeder einmal jede Rolle ausprobiert hat.

Abschluss

Sie können mit den Kindern über Waldbrände sprechen. Was kann passieren, wenn Menschen im Wald unvorsichtig mit Feuer umgehen? Wie lassen sich Waldbrände vermeiden? Gibt es natürliche Ereignisse, die ein Feuer verursachen können, wie etwa Blitze?

Manchmal werden Feuer gezielt gelegt, um bestimmte Landschaften zu erhalten. So werden etwa im höher gelegenen Heideland Großbritanniens Gebiete reihum abgebrannt, um eine Vielzahl von Lebensräumen zu bewahren, in denen eine äußerst große Artenvielfalt in der Tier- und Pflanzenwelt zu finden ist. Diese Methode kommt auch in den Wäldern Kanadas zur Anwendung. Wir kochen mit Feuer und wärmen uns an ihm – das sind nur zwei Beispiele dafür, wie das Feuer das menschliche Dasein verändert hat (siehe S. 117). Es kann immense Kraft entfalten und wir müssen ihm mit Respekt begegnen.

Wenn die Kinder selbst Feuer machen wollen, finden Sie auf den Seiten 117–124 Anregungen für entsprechende Aktivitäten. Der Gebrauch eines Kelly Kettle (siehe S. 125–131) bietet eine gute Gelegenheit, den Umgang mit Feuer zu lernen.

Raubtier und Beute

Dieses Spiel veranschaulicht das Verhältnis von Raubtier und Beute. Ein Team übernimmt die Rolle des Raubtieres auf der Jagd, das andere die des fliehenden Beutetieres. Das Jagen, Verstecken und die Spannung, welches Team gewinnen wird, sorgen dabei für echten Nervenkitzel. Wir haben dieses Spiel mit Kindern unterschiedlicher Altersgruppen gespielt, und am Anfang laufen meistens alle hin und her und reden laut und aufgeregt durcheinander, dann aber schlüpfen die Teams wie von Zauberhand geführt in ihre Rollen. Die Beutetiere verhalten sich still, um nicht entdeckt zu werden, wenn sie sich vor den nahenden Raubtieren verstecken, und die Raubtiere schließen sich zu einer Gruppe zusammen, um ihre Beute zu erlegen.

Ort	Ein Waldgebiet, das groß genug ist, um sich darin zu verstecken, mit vielen Bäumen und Büschen, die Deckung bieten
Altersgruppe	Ab 4 Jahren
Teilnehmerzahl	Mindestens sechs (einschließlich je eines Erwachsenen pro Team)
Was dabei gefördert wird	Strategisches Denken ❁ Konzentration ❁ Bewegung ❁ Teamarbeit ❁ Kommunikation ❁ tierkundliches Wissen (Raubtiere und Beutetiere) ❁ Rollenspiel ❁ Naturverbundenheit ❁ Sinneswahrnehmung
Ausrüstung	Nicht erforderlich. Verwenden Sie die natürlichen Materialien, die Sie vor Ort finden (falls es dort nur wenige Zweige gibt, bringen Sie welche mit).

Dieses lebhafte Spiel erfordert Konzentration und strategisches Denken, weil beide Gruppen einen Weg finden müssen, um zu überleben. Der Wald wird für die Kinder erfahrbar, wenn sie ihn mit allen Sinnen erkunden und ihn zum ersten Mal mit den Augen eines Raubtieres oder eines Beutetieres sehen. Das Spiel fördert Teamarbeit und Kommunikationsfähigkeit, denn die Spieler müssen sich aufeinander verlassen können, wenn sie gewinnen wollen. Welche Rolle die Kinder auch ausfüllen, es ist immer ein tolles Spiel, das Spaß macht, bei dem man unterschiedliche Vorgehensweisen von Tieren ausprobieren kann und das eine Spannung schafft, der sich niemand entziehen kann!

Vorbereitung

Erklären Sie den Kindern, was ein Raubtier ist: ein Tier, das andere Tiere jagt und frisst. Das Tier, das gefressen wird, heißt Beute. Ein Fuchs fängt und frisst zum Beispiel Hasen, also ist der Fuchs das Raubtier und die Hasen sind die Beute. Die Beute versucht stets zu entkommen, und das Raubtier will nicht verhungern. Für beide geht es ums Überleben.

Das Spiel wird in zwei Gruppen gespielt: Raubtiere und Beutetiere (die Spieler können nach jedem Durchgang die Rollen wechseln). Die Beutetiere suchen sich einen Ort im Wald, an dem sie sich vor den Räubern verstecken können, die ihnen auf der Spur sein werden. In freier Wildbahn halten Raubtiere Augen, Nasen und Ohren offen, um Hinweise auf die Beute zu erhaschen. Auch in diesem Spiel hinterlassen die Beutetiere Spuren, nämlich Pfeile aus Zweigen auf dem Boden, die anzeigen, in welche Richtung sie gegangen sind.

Sammeln Sie gemeinsam möglichst viele Zweige, mit denen die Beutetiere die Pfeile legen können. Wenn Sie keine mitgebracht haben und nur wenige finden, sammeln Sie andere natürliche Gegenstände wie Steine oder Tannenzapfen, oder zeichnen Sie die Pfeile in den Erdboden.

Erste Schritte

Entscheiden Sie gemeinsam, wer in welche Gruppe geht. Wenn die Kinder im Wald unterwegs sind, muss bei jeder Gruppe mindestens ein Erwachsener sein. Erinnern Sie die Kinder daran, dass alle die Gelegenheit bekommen, auch die andere Rolle einzunehmen.

Bevor die Beutetiere losziehen, ist es durchaus sinnvoll, dass sie sich besprechen (außer Hörweite der Raubtiere!) und sich auf die Richtung verständigen, in die sie gehen, und über den Ort, an dem sie sich verstecken wollen.

Die Beutetiere haben 15 Minuten Zeit, um die Pfeile zu legen und sich zu verstecken.

Tipp:

Wenn die Raubtiere sich während des Wartens langweilen oder ungeduldig werden, spielen Sie mit ihnen eine Runde »Welches Tier bin ich?« (siehe S. 146).

Und los!

Vergleichen Sie die Uhren. Dann ziehen die Beutetiere los! Die Pfeile sollten deutlich zu sehen sein, aber nicht bis an das Versteck der Beute heranführen, sondern nur bis etwa 15 Meter davor. Diese Stelle wird mit einem Kreuz aus Zweigen (X) markiert.

Wenn die 15 Minuten vorüber sind, gehen die Raubtiere auf die Jagd nach ihrer Beute! Um sie zu finden, folgen sie den Pfeilen. Wenn sie die Stelle erreicht haben, die mit dem X markiert ist, bleiben sie als Gruppe zusammen und suchen gemeinsam die Umgebung ab, um die Tiere aufzuspüren, die ihnen als Nahrung dienen werden.

Können die Raubtiere die Beute finden, haben sie gewonnen. Wenn die Beutetiere unentdeckt bleiben und in dem Moment, in dem die Raubtiere an ihnen vorübergehen, aus ihrem Versteck hervorspringen und »Stopp!« rufen, sind sie die Sieger.

Jetzt können die Raubtiere die Beute sein und den Raubtieren ein Schnippchen schlagen!

Abschluss

Das Verhältnis zwischen Raubtieren und ihrer Beute hat viele interessante Aspekte, über die Sie sprechen können. Wissen die Kinder, welche Eigenschaften Beutetiere entwickelt haben, um ihr Überleben zu sichern? Hasen zum Beispiel haben kräftige Beine, die ihnen ermöglichen, schnell zu rennen und so den Füchsen zu entkommen. Stabheuschrecken sehen aus wie kleine Zweige und sind daher kaum von ihrer Umgebung zu unterscheiden und schwer zu entdecken. Der gestreifte Körper der Bienen signalisiert dem Angreifer: „Achtung! Wenn du mich frisst, dann steche ich dich!“ Und der dicke Panzer der Schildkröten schützt ihren Körper wie eine Rüstung.

Wie steht es mit den Raubtieren? Was hilft ihnen dabei, ihre Nahrung zu fangen? Die Jagd im Rudel ermöglicht es Wölfen, auch größere Beutetiere wie etwa Bisons zu erlegen, die ein einzelner Wolf unmöglich allein überwältigen könnte. Geparde und Makohaie sind sehr schnell und besitzen scharfe Zähne, mit denen sie ihre Beute fangen und verzehren. Auch Tiere, die sich ausschließlich von Pflanzen ernähren wie der Hase, können in gewisser Hinsicht als »Raubtiere« angesehen werden, deren Beute Pflanzen sind. Um ihr Überleben zu sichern, sind manche Pflanzen (wie etwa das Jakobskraut) im Lauf der Zeit giftig geworden, während andere, wie der Brombeerstrauch, Dornen ausgebildet haben. Welche Überlebenstaktik hat den Kindern am meisten geholfen, als sie selbst Raubtier oder Beute waren?

Die komplexen Beziehungen zwischen Raubtieren und ihrer Beute haben sich teilweise über Hunderttausende von Jahren hinweg entwickelt und bieten oft Vorteile für beide Seiten. So sorgen Raubtiere dafür, dass die Populationen der Beutetiere eine umweltverträgliche Größe behalten. Die Anzahl der Raubtiere wiederum hängt von der Anzahl der verfügbaren Beutetiere ab, von denen sie sich ja ernähren. Kranke Beutetiere fallen den Raubtieren leicht zum Opfer, was verhindert, dass sich unter den Beutetieren Krankheiten verbreiten. Auf diese Weise bleiben beide Populationen gesund und stehen in einem ausgewogenen Verhältnis zueinander.

Das Netz des Lebens

Alles hängt mit allem zusammen: Luft, Wasser, Erde, Pflanzen und Tiere. Aus allen Elementen des Lebens hat sich ein faszinierendes, ausbalanciertes System entwickelt, das das Überleben auf unserem Planeten ermöglicht – das große Netz des Lebens. Was dem dünnsten seiner Fäden widerfährt, hat Auswirkungen auf das große Ganze.

In diesem Spiel knüpfen die Kinder Verbindungen und erleben dadurch unmittelbar, was ein Ökosystem ist. Dabei entwickeln

Ort	**Dieses Spiel kann überall gespielt werden, doch ideal ist eine natürliche Umgebung, in der eine Vielzahl von Tieren und Pflanzen leben, die gut zu sehen und zu hören sind.**
Altersgruppe	**Ab 5 Jahren**
Teilnehmerzahl	**Mindestens fünf**
Was dabei gefördert wird	**Ökologisches Bewusstsein ❁ Teamarbeit ❁ Gefühl der Zugehörigkeit ❁ Neugier ❁ Konzentration ❁ Bewusstsein für die Verflechtungen in der Natur ❁ Mitgefühl ❁ Bewusstsein für Nachhaltigkeit ❁ Sprachfertigkeit**
Ausrüstung	**Wollknäuel oder lange Schnur**

sie ein Gefühl der Gemeinschaft und der Zugehörigkeit und lernen, dass jeder einzelne von ihnen von Bedeutung ist, so wie jede einzelne Verbindung im Netz des Lebens, das sie gemeinsam bilden. Sie erfahren, dass alles, was in diesem Netz passiert, Auswirkungen auf alle anderen Teile hat. Dadurch werden sie empfänglich für Gedanken über vorausschauendes Handeln, über das Verhältnis von Ursache und Wirkung, über Evolution, Mitgefühl, Naturschutz und Nachhaltigkeit. Das Gespräch über diese Themen und die Erfahrungen während des Spiels fördern die Sprachfertigkeit sowie Konzentration und Neugier.

Es ist immer wieder verblüffend, wie dieses Spiel die Kinder zum Nachdenken bringt und bei ihnen Demut und Erstaunen auslöst.

Vorbereitung

Erklären Sie den Kindern, dass das Ökosystem einer Region aus allen dort ansässigen Lebewesen besteht (Tiere, Pflanzen, Pilze, Bakterien etc.), und wie diese miteinander und mit den anderen Bestandteilen der Umwelt (Erdboden, Wetter, Sonnenenergie, Gestein, Luft etc.) in Verbindung stehen. Jedes dieser Elemente spielt eine bestimmte Rolle und trägt dazu bei, den gesamten Lebensraum im Gleichgewicht zu halten. Dieses System lässt sich durch ein Netz veranschaulichen, in dem die einzelnen Elemente durch Fäden verbunden sind. In diesem Spiel erstellen die Kinder ihr eigenes Netz des Lebens.

Erste Schritte

Bestimmen Sie einen Spielleiter, entweder einen Erwachsenen oder ein älteres Kind, das über ein gewisses ökologisches Wissen verfügt. Der Leiter stellt Fragen zu den Beziehungen zwischen Tieren, Pflanzen, Erdboden, Wasser und Luft, und regt die Gruppe zum Nachdenken darüber an, wie diese Elemente zusammenwirken und ein Ökosystem bilden. Die Teilnehmer sitzen dabei im Kreis um den Leiter, der mit einem Wollknäuel in der Mitte steht.

Und los!

Zu Beginn fragt der Leiter nach einer Pflanze, die in der Umgebung wächst. Wer als Erster antwortet, bekommt ein Ende des Fadens in die Hand und repräsentiert die genannte Pflanze.

Dann fragt der Leiter nach einem Tier, das in dieser Pflanze lebt oder sich von ihr ernährt. Wer eine Antwort geben kann, bekommt den Faden in die Hand, der noch immer an der ersten »Pflanze« hängt. Der zweite Spieler stellt jetzt das Tier dar, das mit der Pflanze verbunden ist, weil es sie braucht.

Anschließend fragt der Leiter, welches andere Tier das erste fressen könnte. Wer ein mögliches Raubtier benennt, bekommt den Faden und repräsentiert das genannte Tier.

Auf diese Weise entstehen sukzessive immer mehr Verbindungen, indem der Leiter mit seinen Fragen immer neue Tiere und Pflanzen ins Spiel bringt, aber auch andere Elemente des Ökosystems, wie Wasser, Erdboden und Luft. Die Fragen können etwa lauten:

- Wo findet dieses Tier Wasser zum Trinken?
- Welche Pflanze wächst dort im Wasser?
- Welches Insekt ernährt sich von dieser Pflanze?

Das Spiel geht so lange, bis jedes Kind den Faden in der Hand hält und das Netz geknüpft ist. Das fertige Netz stellt ein Ökosystem dar.

Um zu veranschaulichen, dass jedes Element des Netzes von Bedeutung ist und dass die ganze Gemeinschaft betroffen ist,

wenn auch nur eines dieser Elemente entfernt, verändert oder beschädigt wird, verlässt jetzt einer der Teilnehmer das Netz. Begründen Sie das mit einem Ereignis, wie es in der Wirklichkeit vorkommt. Wenn zum Beispiel eines der Kinder ein Baum ist, erklären Sie, dass dieser Baum von einem Waldarbeiter gefällt wurde. Der Baum stürzt, und das Kind, das ihn repräsentiert, zieht an dem Faden. Jeder, der dieses Ziehen spürt, ist vom Verlust des Baums betroffen und zieht nun seinerseits am Faden, wodurch wiederum weitere Spieler betroffen sind. Das setzt sich fort, bis schließlich alle Beteiligten die Auswirkungen des Verlustes spüren. Dadurch wird klar, dass alles mit allem zusammenhängt und dass das ganze Netz darunter leidet, wenn eines seiner Teile Schaden nimmt oder abgetrennt wird.

Abschluss

Selbst die unscheinbarsten Lebewesen, die wir vielleicht nicht beachten oder als Unkraut oder Schädlinge bezeichnen, spielen in einem Ökosystem eine wichtige Rolle. So sind zum Beispiel Brennnesseln, die wir Menschen als Unkraut ansehen, die Hauptnahrungsquelle für die Raupen des Tagpfauenauges, das nach den dunklen Wintermonaten im Frühling mit seiner prächtigen Erscheinung wieder Freude verbreitet. Der Falter wiederum wirkt bei der Bestäubung zahlreicher Pflanzenarten mit und dient Vögeln wie der Kohlmeise als Nahrung. Ähnlich verhält es sich mit Seidenpflanzen und dem Monarchfalter. Bestäubung ist nicht nur für Pflanzen überlebenswichtig, sondern nutzt auch dem Menschen, denn durch sie entstehen essbare Früchte wie Papaya, Kürbis und Apfel.

Sprechen Sie mit den Kindern darüber, wie wir zum Erhalt von Ökosystemen beitragen können, etwa indem wir den Raubbau in den Regenwäldern reduzieren, wo auf jedem Baum Hunderte Arten leben. Die Bäume in den Regenwäldern sorgen auch für die Reinhaltung der Luft (indem sie Kohlendioxid absorbieren und Sauerstoff freisetzen) und wirken der Erosion des Bodens entgegen. Erwähnen Sie auch das Artensterben und sprechen Sie darüber, wie sich der Verlust einer Art durch einen Dominoeffekt negativ auf die gesamte Umwelt auswirken kann. Würde zum Beispiel der australische Dingo aussterben, der als Raubtier an der Spitze der Nahrungskette steht, hätten einige Pflanzenfresser wie das Känguru keinen natürlichen Feind mehr, sodass ihre Populationen deutlich anwachsen könnten. In der Folge würden sie übermäßig viele Pflanzen fressen, was zum Aussterben bestimmter Pflanzenarten führen würde, wodurch wiederum andere Pflanzenfresser aussterben würden – ein weitreichendes Artensterben wäre die Folge.

Unser Planet mit seiner wunderbaren Vielfalt (zu der auch wir Menschen gehören) ist einzigartig in unserem Sonnensystem. Wir haben allen Grund, pfleglich mit diesem Erbe umzugehen.

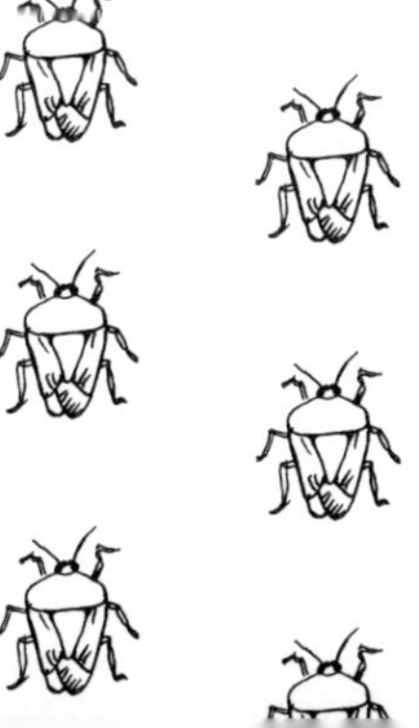

Fledermaus und Motte

Dieses Spiel gibt einen Einblick in eine andere Welt – eine Welt der Dunkelheit, in der Geräusche eine wichtige Rolle spielen, in der es Jäger und Gejagte gibt und Tiere eine erstaunliche Anpassungsfähigkeit an den Tag legen, wenn es gilt, das Überleben zu sichern.

»Fledermaus und Motte« erfordert hohe Konzentration und macht den Kindern große Freude, ob sie nun eine Fledermaus spielen, die auf ihre Beute hinabsaust, eine Motte, die geschickt versucht, nicht erwischt zu werden, oder einen Baum mit wogenden Ästen. Die Kinder überwinden ihre Scheu, treten in Kontakt miteinander und sind ganz in der Gegenwart. Und anschließend stellen sie immer eine Menge Fragen zu diesen cleveren Geschöpfen!

Eine der wichtigsten Fähigkeiten bei diesem Spiel ist das Zuhören, das auch unabdingbar ist, um in einem Gespräch Informationen aufzunehmen und Freundschaften zu schließen.
Die unterschiedlichen Rollen des Spiels geben den Kindern Gelegenheit, sich zu bewegen, die Sinne zu schärfen, die Konzentration zu trainieren, sich in Selbstbeherrschung zu üben, Vertrauen in andere aufzubauen und mit ihnen zu kooperieren und die eigene

Selbstsicherheit zu stärken. Die Fledermaus muss genau auf die Antwort der Motte hören und darf sich nicht ablenken lassen. Sie muss sich auch auf die Grenze verlassen, die die Bäume bilden, und sich sicher bewegen, obwohl sie nichts sieht. Nur wenn sie sich konzentriert und sich auf sich selbst verlässt, wird es ihr gelingen, die Beute zu schnappen.

Die Motte muss aufmerksam auf den Ruf der Fledermaus hören und darauf achten, ob diese sich nähert. Sie muss still und unauffällig

Ort	**Am besten eine Waldlichtung, denn der Wald ist der Lebensraum für viele Arten von Fledermäusen und Motten. Das Spiel kann aber überall im Freien gespielt werden.**
Altersgruppe	**Ab 4 Jahren**
Teilnehmerzahl	**Mindestens sechs Bei sehr großen Gruppen: → Erhöhen Sie die Zahl der Motten auf drei bis fünf → Wenn sich die Motten nur schwer fangen lassen, können die Bäume näher zusammenrücken und den Kreis kleiner machen.**
Was dabei gefördert wird	**Bewegung ❁ Sinneswahrnehmung (vor allem das Hörvermögen) ❁ Konzentration ❁ Selbstsicherheit und Selbstbeherrschung ❁ naturkundliches Wissen (Anpassungsfähigkeit der Arten)**
Ausrüstung	**Ein Baumwollschal oder eine andere Augenbinde**

bleiben, gleichzeitig jedoch alles dafür tun, nicht gefangen zu werden. Die Bäume müssen sich zurückhalten und gemeinsam die Grenze bilden. Sie müssen das Geschehen beobachten, sich jedoch ruhig verhalten, und dürfen nur sprechen, wenn die Fledermaus oder die Motte sie berührt. In jeder Hinsicht ein aufregendes Erlebnis!

Vorbereitung

Erklären Sie den Kindern das Prinzip der Echoortung, wie sie im Tierreich vorkommt. Fledermäuse gelten als blind, können sich aber fast so gut orientieren wie wir Menschen. Um bei Dunkelheit ihre Beute (Motten und andere Insekten) zu orten, verwenden sie jedoch ihre Ohren und nicht ihre Augen. Sie machen sich ein Bild von ihrer Umgebung, indem sie im Flug Rufe aussenden und das zurückgeworfene Echo registrieren. Dieses Vorgehen heißt Echoortung. Mit seiner Hilfe können Fledermäuse ermitteln, wie weit entfernt etwas ist, wie groß es ist, welche Form es hat und in welche Richtung es sich bewegt.

Erste Schritte

Bestimmen Sie ein Kind als Fledermaus und eines als Motte. Alle anderen sind Bäume. (Später können Sie durchwechseln, sodass

Tipp:

Die Fledermaus kann die Motte leichter aufspüren, wenn sie mehrfach schnell hintereinander klatscht.

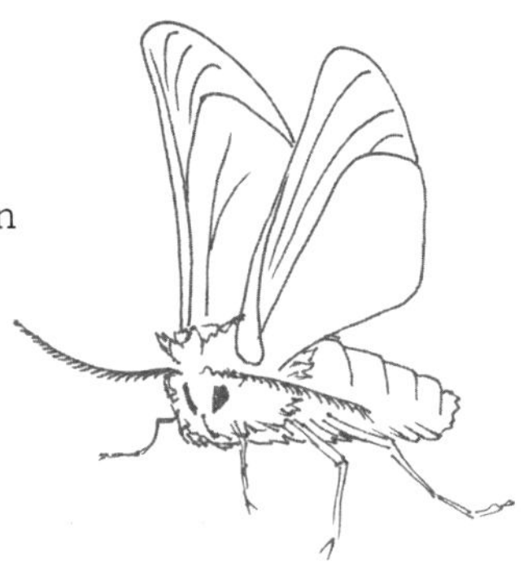

jeder einmal Fledermaus oder Motte ist.) Die Bäume fassen sich bei den Händen und bilden um Fledermaus und Motte einen Kreis. Verbinden Sie der Fledermaus mit dem Schal die Augen. Jetzt muss sie die Motte fangen!

Und los!

Die Fledermaus klatscht in die Hände und die Motte antwortet mit einem Klatschen. Mit ihrem Klatschen sendet die Fledermaus Schallwellen aus. Indem die Motte mit einem Klatschen antwortet, sendet sie die Schallwellen zur Fledermaus zurück. So funktioniert Echoortung! Jetzt weiß die Fledermaus, wo ihre Beute ist, und kann sie fangen und verspeisen. Die Motte muss zusehen, dass sie der Fledermaus entkommt, um zu überleben. Wenn die Fledermaus beim Versuch, die Motte zu fangen, einen Baum erwischt, ruft dieser: »Baum!« Dann geht die Jagd weiter. Wenn die Fledermaus die Motte gefangen hat, gilt diese als gefressen! Wenn es mehrere Motten gibt, jagt die Fledermaus so lange weiter, bis sie alle Motten gefangen hat.

Abschluss

Sprechen Sie mit den Kindern über Fledermäuse und Motten. Gibt es Eigenschaften, die beim Fangen von Motten helfen, wie etwa Geschwindigkeit, ein

gutes Gehör und Selbstsicherheit? Und gibt es Tricks, die der Motte beim Überleben helfen, wie etwa sich leise zu bewegen, sich nah am Boden zu halten und flink zu sein?

In der Natur werden die Fähigkeiten, die eine Art zum Überleben braucht, von einer Generation an die nächste weitergegeben. Ein Beispiel hierfür ist der Birkenspanner (*Biston betularia*), der überall auf der Welt vorkommt. Bis zum 19. Jahrhundert waren diese Nachtfalter von weißer Grundfärbung, wodurch sie auf der hellen Rinde der Birken, ihrem bevorzugten Aufenthaltsort, nur schwer zu erkennen waren. Exemplare, die aufgrund von Mutation eine dunklere Färbung besaßen, waren leichter zu sehen und wurden daher eher von Vögeln gefressen. Während der industriellen Revolution färbten in manchen Regionen Englands der Rauch und die Verschmutzungen aus den Fabriken die Bäume schwarz. Die hellen Falter verloren ihre Deckung und wurden in großer Anzahl gefressen, während die dunkleren Birkenspanner überlebten. Aber die Geschichte geht noch weiter. Weil wir mittlerweile mehr auf unsere Umwelt achten und die Bäume nicht mehr so stark unter der Verschmutzung leiden, breiten sich die weiß gefärbten Birkenspanner wieder aus. Wie Tiere sich ihrer Umgebung anpassen, ist eines der großen Wunder der Natur!

Hungrige Vögel

Der Frühling ist da. Stellen Sie sich vor, Sie sind ein Vogelbaby, das in seinem Ei in einem gemütlichen Nest heranwächst. Ihre Eltern kümmern sich abwechselnd um Sie, damit Sie in Sicherheit sind und es immer schön warm haben, bis Sie eines Tages zu groß für Ihr Ei sind und die Schale mit einem speziellen Eizahn aufpicken. Wenn Sie auf die Welt kommen und noch ein Küken sind, sind Ihre Augen geschlossen und Sie haben noch keine Federn. Ihre Eltern halten Sie warm und füttern Sie mit Früchten und Insekten. Nach ein paar Tagen öffnen Sie die Augen und der erste Federflaum wächst. Sie erkunden Ihr Nest und spähen hinaus in die Welt. Sie sind jetzt ein Nestling. Nach einigen Wochen ist Ihr Federkleid voll ausgebildet, Ihre Muskeln sind kräftig und Sie verlassen zum ersten Mal Ihr Nest. Jetzt werden Sie flügge. Sie hüpfen auf dem Boden herum und Ihre

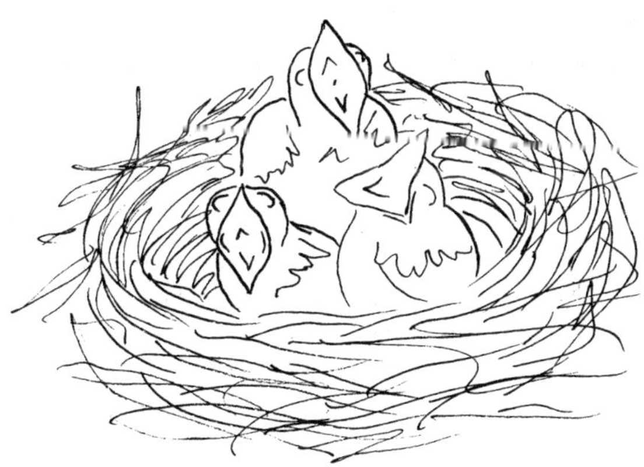

Eltern zeigen Ihnen, was Sie fressen können. Die Tage vergehen, und irgendwann breiten Sie die Flügel aus, spannen die Muskeln an und fliegen los! Nun sind Sie ein ausgewachsener Vogel und suchen sich einen Leckerbissen, wie etwa einen fetten, saftigen Wurm ...

Wenn Kinder selbst vor den Herausforderungen stehen, die Vögel auf der Suche nach Futter bewältigen müssen, bauen sie eine Beziehung zu diesen erstaunlichen Tieren auf, sind aber auch fasziniert von den Überlebensstrategien der Würmer. Bei diesem

Ort	**Ein Wald, der vielen Vogelarten Lebensraum bietet, es eignen sich aber auch andere weitläufige Gebiete im Freien, wo es zahlreiche Verstecke für Würmer gibt, wie Parks oder Gärten.**
Altersgruppe	**Ab 4 Jahren**
Teilnehmerzahl	**Mindestens zwei**
Was dabei gefördert wird	**Bewegung ❁ Beobachtungsgabe ❁ Teamarbeit ❁ feinmotorische Fähigkeiten ❁ Zahlenverständnis ❁ Naturverbundenheit ❁ naturkundliches Wissen (Überlebensstrategien) ❁ Rollenspiel**
Ausrüstung	**→ 12 cm lange Wollfäden in unterschiedlichen Farben (helle und dunkle Farbtöne) → Doppelseitiges Klebeband (für kleinere Kinder; wahlweise)**

Tipp:

Ermuntern Sie die Kinder, sich vorzustellen, sie wären ein Vogelbaby in seinem Ei, das die Schale aufpickt und so zur Welt kommt, und das heranwächst und sich dabei alle Fähigkeiten aneignet, die es zum Überleben braucht.

Spiel bewegen sich die Kinder viel, weil sie die Gegend nach Würmern absuchen müssen. Dadurch werden die Beobachtungsgabe und die Teamarbeit, aber auch das Zahlenverständnis und die feinmotorischen Fähigkeiten gefördert. Dieses lebhafte Spiel macht großen Spaß und lässt die Kinder die Welt mit den Augen eines Vogels auf der Jagd erleben.

Vorbereitung

Verstecken Sie vor Spielbeginn die Würmer (verschiedenfarbige Wollfäden) im ganzen Spielgebiet und merken Sie sich die Stellen. Legen Sie einige Fäden in hellen Farben in der Nähe des Ausgangspunktes aus, sodass sie leicht zu finden sind.

Sammeln Sie für jedes der beiden Teams zwei Stöcke. Binden Sie an zwei der vier Stöcke Fäden in all den Farben, die Sie ausgelegt haben. Diese beiden Stöcke dienen den Teams zur Orientierung bei der Suche nach den versteckten Würmern. Teilen Sie die Kinder in zwei Gruppen. Erklären Sie ihnen, dass sie hungrige Vögel sind und sich auf die Suche nach Würmern machen werden, die sie fressen können. Zeigen Sie ihnen die Grenzen des Spielgebietes, innerhalb derer sie jagen dürfen. Außerhalb der Grenzen werden sie keine Würmer finden.

Erste Schritte

Geben Sie jedem Team einen Stock mit allen Farben, die die Kinder suchen sollen, und einen Stock, an den sie die gefundenen Würmer

binden können. (Wenn damit zu rechnen ist, dass manche Kinder sich mit dem Festbinden schwer tun, befestigen Sie doppelseitiges Klebeband an den Stöcken, an dem die Fäden festgeklebt werden können.)

Erklären Sie den Kindern, dass sie junge Vögel sind, die zusammenbleiben und einander bei der Jagd nach Nahrung helfen müssen. Geben Sie einen zeitlichen Rahmen vor, etwa 15 bis 20 Minuten, je nach Alter der Kinder, Größe der Gruppen und Ausdehnung des Spielgebietes (lassen Sie etwas mehr Zeit, wenn die Kinder jünger und die Gruppen kleiner sind). Damit niemand eine Enttäuschung erlebt oder sich als Verlierer fühlt – vor allem unter den jüngeren Kindern –, erklären Sie, dass drei Würmer ausreichen, um nicht zu verhungern. Aber je mehr Würmer die Vögel fangen, desto besser!

Bitten Sie die Kinder, Ihnen die Grenzen des Spielgebietes zu zeigen, damit Sie sicher sein können, dass sie wissen, bis wohin sie gehen dürfen.

Und los!

Schauen Sie auf die Uhr. Jetzt ziehen die Vögel los und machen sich auf die Suche nach Würmern! Für ältere Kinder wird das Spiel reizvoller, wenn bestimmte Regularien gelten, wenn etwa rote und blaue Würmer giftig und daher ungenießbar sind und die Kinder braune und grüne Würmer finden müssen (die besser getarnt und daher schwieriger zu entdecken sind). Wenn weniger Zeit zur

Verfügung steht, wird die Herausforderung ebenfalls größer. Natürlich können sich die beiden Teams auch miteinander messen.

Nach Ablauf der Zeit rufen Sie alle Vögel zum Ausgangspunkt zurück. Dann werden die Würmer gezählt!

Abschluss

Fragen Sie die Kinder, welche Würmer leichter zu entdecken waren: die grünen und brauen oder die roten? Wo waren sie leichter zu finden: im offenen Gelände, hoch oben, weiter unten oder versteckt in einem Busch?

Vögel ernähren sich auch von unterschiedlichen Insektenarten. Wie können Insekten vermeiden, gefangen zu werden? Sie wenden dazu spezielle Strategien an: Sie tarnen sich, schmecken abstoßend, sind giftig, haben einen harten Panzer oder einen schmerzenden Stachel. Wie wichtig ist es unter solchen Umständen, dass Vögel ihren Jungen zeigen, was sie essen können und was nicht? Was haben die Kinder jetzt für ein Bild von Vögeln?

Geflügelte Prinzessin

Ameisenstraße

Sicher haben Sie schon einmal zugesehen, wie eine Unmenge Ameisen scheinbar ziellos auf dem Erdboden herumkrabbelt, und haben dann Muster in den Bewegungen erkannt und beobachtet, wie Arbeiterinnen Straßen bilden, auf denen andere Arbeiterinnen Nahrung und Baumaterial für die Kolonie herbeischaffen. In den hochgradig organisierten Ameisennestern können mehrere Millionen Tiere leben, die in gemeinschaftlicher Arbeit das Überleben der Kolonie sichern. Dabei bilden sie komplexe soziale Strukturen, die oft mit denen menschlicher Gesellschaften verglichen werden.

Durch dieses Spiel lernen die Kinder die fesselnde Lebenswelt der Ameisen kennen. Es gibt über zwölftausend bekannte Ameisenarten (und laufend werden neue entdeckt), die auf der ganzen Welt in den unterschiedlichsten Lebensräumen vorkommen. Sie können Allesfresser oder Pflanzenfresser sein, Raubtiere oder Aasfresser, und gehören zu den erfolgreichsten Arten unseres Planeten.

Dieses Spiel fördert den Zusammenhalt in der Gruppe sowie Konzentration, Teamfähigkeit und soziale Kompetenz. Sich in Gedanken in eine bestimmte Tierart zu verwandeln, ist ein tolles Rollenspiel, das Neugier und Fantasie anregt und die Naturverbundenheit stärkt.

Vorbereitung

Legen Sie eine Strecke für die Ameisenstraße fest. Erzählen Sie den Kindern als Vorbereitung auf das Spiel etwas über das faszinierende Leben der Ameisen. In einer Ameisenkolonie (einer Art Großfamilie) gibt es verschiedene Typen, die alle auf spezifische Weise zum Überleben der Kolonie beitragen. In jeder Kolonie gibt es eine oder mehrere Königinnen. Diese sind größer als die anderen Tiere und legen die Eier, aus denen die Nachkommen der Kolonie hervorgehen. Geflügelte Jungköniginnen werden zu Königinnen, wenn sie sich mit einer Drohne gepaart und Eier zur Gründung einer neuen Kolonie gelegt haben. Dann verlieren sie ihre Flügel und werden flugunfähig. Der einzige männliche Typus sind die Drohnen. Sie sind wie die Jungköniginnen geflügelt und sterben, nachdem sie die zukünftige Königin begattet haben. Die Arbeiterinnen sind diejenigen, die wir meistens zu sehen bekommen, weil sie Nahrung und Baumaterial sammeln. Sie sind weiblich und kümmern sich um das Nest, den Nachwuchs und die Königin. In manchen Nestern (wie etwa bei den Blattschneideameisen) gibt es auch Soldatinnen. Das sind weibliche Arbeiterinnen, die über einen großen Kopf und Beißwerkzeuge verfügen und Eindringlinge und Raubtiere abwehren. Sie können auch Pflanzen zerschneiden und die Teile transportieren, wozu die kleineren Arbeiterinnen nicht in der Lage sind.

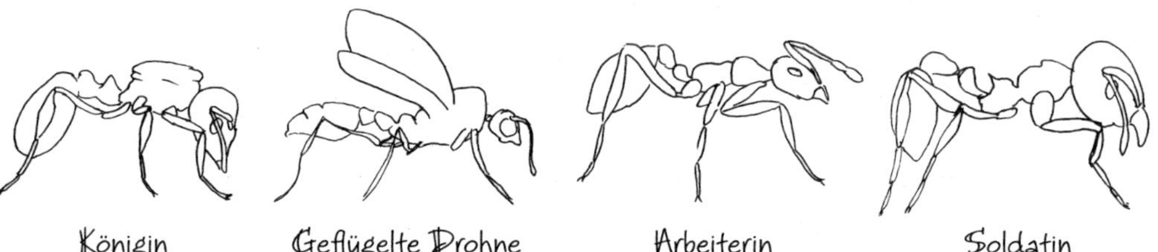

Königin Geflügelte Drohne Arbeiterin Soldatin

Ort	**Überall dort im Freien, wo man leicht wandern kann**
Altersgruppe	**Ab 4 Jahren**
Teilnehmerzahl	**Mindestens vier**
Was dabei gefördert wird	**Bewegung ❁ Konzentration ❁ Teamarbeit ❁ Wissen über Gesellschaftsformen (menschliche und tierische) ❁ Kommunikation ❁ Rollenspiel ❁ Neugier ❁ Fantasie ❁ Naturverbundenheit**
Ausrüstung	**Nicht erforderlich**

Ameisen können Lasten transportieren, die fünfzig bis hundert Mal schwerer sind als sie selbst, und sogar noch schwerere Objekte, wenn sie zusammenarbeiten. Sie kommunizieren durch Vibrationen und Duftstoffe (zum Beispiel durch sogenannte Pheromone), mit denen sie Gebiete kennzeichnen, die zu meiden sind, und legen Duftspuren zu den besten Nahrungsquellen.

Erste Schritte

Erklären Sie den Kindern, dass sie Arbeiterinnen einer großen Ameisenkolonie sind, die Nahrung und Baumaterial suchen und zurück ins Nest tragen. Wie Ameisen, die eine Spur aus Pheromonen legen, gehen sie dabei in einer Reihe hintereinander. Erinnern Sie die Kinder daran, dass sie weder seltene noch giftige Pflanzen pflücken und auch keine gefährlichen Gegenstände sammeln dürfen, wie zum Beispiel Glasscherben.

Und los!

Jetzt machen sich die Ameisen auf die Suche! Sie gehen dazu hintereinander in einer Reihe, und die erste Ameise hält Ausschau nach einem interessanten Fundstück. Wenn sie eins entdeckt hat, hebt sie es auf und gibt es der zweiten Ameise. Während die Ameisen den Gegenstand einander weiterreichen, läuft die erste ans Ende der Reihe, nimmt das Fundstück entgegen und behält es. Nun ist die Ameise dran, die jetzt vorne steht. So geht es reihum weiter, bis jede Ameise einen Gegenstand gesammelt hat. Wenn die Strecke länger ist, kann jede Ameise auch mehrere Fundstücke sammeln.

Wenn die Arbeiterinnen mit der Suche fertig sind, betrachten alle gemeinsam die Schätze, die sie für die Kolonie gesammelt haben. Jede Ameise kann dann erzählen, warum sie ein bestimmtes Ding mitgenommen hat und welchen Nutzen es der Kolonie bringt. Das kann Nahrung für die Ameisenlarven sein, Baumaterial für das Nest, etwas Nützliches wie ein Baumblatt oder einfach nur ein dekoratives Objekt. Die Entscheidung liegt ganz bei den Ameisen!

Abschluss

Über Ameisen kann man stundenlang sprechen! Diese überaus faszinierenden Tiere nisten so gut wie überall, am Wasser, auf Bäumen, in der Erde und sogar in Eicheln. Ihre Nester sind aus

ineinandergeflochtenen Blättern gefertigt oder bestehen aus großen Kammern mit einem Belüftungssystem. Manchmal bilden die Soldatinnen auch provisorische Unterstände, indem sie ihre Beine ineinander verhaken. Weil Ameisen die Samen von Pflanzen verbreiten und den Erdboden auflockern, spielen sie eine große Rolle im Kreislauf des Lebens. Für Insekten sind sie äußerst langlebig: Arbeiterinnen leben bis zu sieben Jahre lang, und Königinnen werden fünfzehn bis dreißig Jahre alt.

Anhand des Beispiels von Ameisen lässt sich gut über Teamarbeit sprechen. Was macht ein gutes Team aus? Welche Fähigkeiten erfordert Teamarbeit? Ein Gespräch hierüber kann verschiedene Richtungen nehmen und ist immer interessant. Ameisen sind eusoziale Tiere. Das bedeutet, dass sie ihren Nachwuchs gemeinschaftlich versorgen (und ihn nicht wie wir Menschen in Einzelfamilien großziehen) und je nach ihrer Rolle bestimmte Aufgaben übernehmen (so gibt es etwa Arbeiterinnen, Soldatinnen und die Königin, die die Eier legt). Eine solche gesellschaftliche Ordnung ist in der Natur selten anzutreffen. Andere eusoziale Arten sind etwa Bienen, Wespen und Termiten. Unter den Wirbeltieren (zu denen auch der Mensch gehört) gibt es nur zwei eusoziale Arten: die Nacktmulle und die Damara-Graumulle.

Fragen Sie die Kinder zum Abschluss, wie sie jetzt über Ameisen denken.

Schlafender Bär

Bären üben auf Kinder eine starke Faszination aus. Sie sehen in ihnen pelzige Freunde und ehrfurchtgebietende Waldbewohner. Mit großer Freude schlüpfen sie in die Rolle des Bären, genießen aber auch den Nervenkitzel, wenn sie ein Eindringling sind, der sich an den Bären heranschleicht und ihm sein Futter stehlen will. Bei diesem Spiel geht es darum, sich taktisch zu verhalten und sämtliche Sinne zu nutzen, und der Spaß wird nur umso größer, wenn die Kinder die Überlebensstrategien der unterschiedlichen Tierarten anwenden und wie eine Katze auf der Jagd geduckt herumschleichen oder wie eine Eule den Kopf hin- und herdrehen und auf Beute lauschen. Dabei wird viel gelacht und die Begeisterung ist geradezu ansteckend.

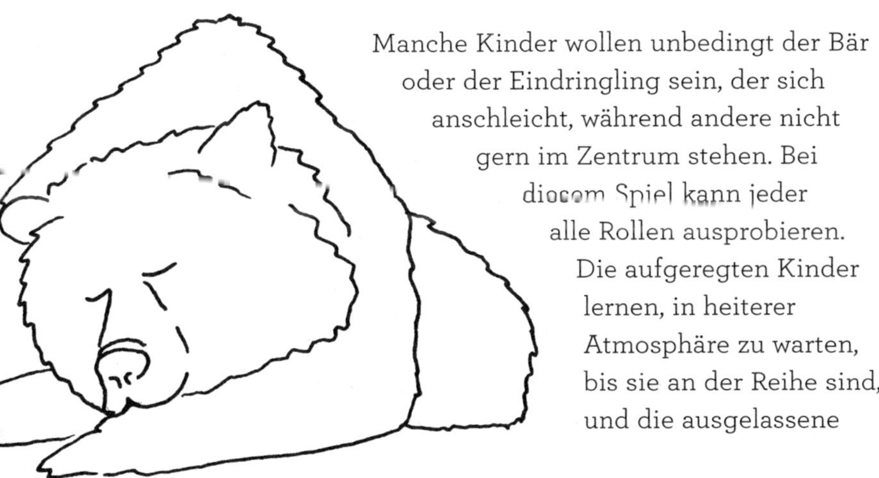

Manche Kinder wollen unbedingt der Bär oder der Eindringling sein, der sich anschleicht, während andere nicht gern im Zentrum stehen. Bei diesem Spiel kann jeder alle Rollen ausprobieren. Die aufgeregten Kinder lernen, in heiterer Atmosphäre zu warten, bis sie an der Reihe sind, und die ausgelassene

Ort	**Überall im Freien**
Altersgruppe	**Ab 4 Jahren**
Teilnehmerzahl	**Mindestens acht**
Was dabei gefördert wird	**Konzentration ❁ Teamarbeit ❁ taktisches Denken ❁ Sinneswahrnehmung ❁ Selbstwertgefühl ❁ Selbstvertrauen ❁ Naturverbundenheit ❁ naturkundliches Wissen (Überlebensstrategien von Tieren; Lebensweise von Bären) ❁ Rollenspiel ❁ Einfühlungsvermögen**
Ausrüstung	**→ Wollschal oder andere Augenbinde (wahlweise) → Ein kleiner Gegenstand, der das Futter des Bären darstellt**

Stimmung in der Gruppe, in der alle sich gegenseitig unterstützen, ermöglicht es zurückhaltenden Kindern, sich so am Spiel zu beteiligen, wie sie möchten. Anders gesagt: Niemand muss sich ausgeschlossen oder minderwertig fühlen. Dadurch werden Selbstvertrauen und Selbstwertgefühl gestärkt.

»Schlafender Bär« ist ein lebhaftes Spiel, erfordert jedoch nicht viel Platz und kann daher sehr gut bei Regen unter dem Schutz einer Plane gespielt werden. Das Spiel nutzt die Energie der Kinder, stärkt den Zusammenhalt in der Gruppe und passt gut vor Aktivitäten mit weniger Bewegung, wie etwa handwerklichen Arbeiten.

Vorbereitung

Alle Spieler fassen sich bei den Händen, bilden einen Kreis, treten zurück, um den Kreis so groß wie möglich zu machen, und setzen sich auf den Boden (wenn es nur wenige Teilnehmer sind, lassen sie einander los, bevor sie zurücktreten). Bestimmen Sie eines der Kinder zum Bären (später wird gewechselt, sodass jeder einmal drankommt). Der Bär setzt sich in die Mitte des Kreises. Dann bekommt er einen Gegenstand, der sein Futter darstellt. Das kann etwas sein, was Bären tatsächlich essen, wie ein Apfel oder eine Eichel, oder irgendein anderer Gegenstand wie ein Hut oder ein Schal, der symbolisch für das Futter steht.

Erste Schritte

Der Bär legt sein Futter neben sich auf den Boden und »geht schlafen«. Dazu bekommt er eine Augenbinde umgelegt oder macht die Augen einfach zu. Erinnern Sie ihn daran – vor allem, wenn er keine Augenbinde trägt –, dass er nicht kucken darf! Die Kinder, die im Kreis sitzen, müssen still bleiben, um den Bären nicht zu verwirren oder zu wecken. Sobald der schlafende Bär ruhig in der Mitte des Kreises sitzt, deutet der Spielleiter auf eines der Kinder im Kreis. Dieses Kind ist der Eindringling.

Und los!

Jetzt versucht der Eindringling, sich das Futter zu schnappen! Wenn er sich anschleicht, muss der Bär die Ohren spitzen und versuchen, ihn zu berühren, bevor er das Futter stehlen kann. Gelingt dem Bären das, hat er diese Runde gewonnen und kann, wenn er will, noch einmal der Bär sein oder in den Kreis zurückkehren und jemand anderen zum Bären bestimmen.

Wenn der Eindringling das Futter erwischt, bevor der Bär ihn bemerkt, hat er gewonnen. Wenn er will, kann er in der nächsten Runde der Bär sein. Falls nicht, kann er jemand anderen zum Bären bestimmen.

Wenn ein Bär besonders wachsam ist, können zwei Eindringlinge versuchen, das Futter zu schnappen.

Tipp:

Wenn manche Kinder zögerlich sind, warten Sie eine Weile, bis Sie sie mit ins Spiel holen. Wenn sie erlebt haben, wie viel gelacht wird und wie kameradschaftlich es dabei zugeht, haben sie vielleicht mehr Lust mitzumachen.

Abschluss

Kinder sind äußerst wissbegierig, was Bären angeht. Erzählen Sie ihnen von den acht Arten, die es auf der Welt gibt, vom nordamerikanischen Schwarzbären bis zur größten Art, dem Eisbären, der in den nördlichen Polarregionen lebt. Früher glaubte man, dass Bären in kälteren Regionen einen tiefen Winterschlaf halten (aus dem selbst laute Geräusche sie nicht wecken), um Energie zu sparen. Heutzutage vermutet man jedoch, dass sie sich in Höhlen zurückziehen und in eine Winterruhe verfallen, die ebenfalls einem tiefen Schlaf gleicht und Energie spart. Die Körpertemperatur sinkt dabei jedoch nur leicht, sodass die Bären rasch aufwachen können, wenn sie gestört werden. Braunbären und Schwarzbären können monatelang Winterruhe halten, ohne Nahrung oder Flüssigkeit zu

sich zu nehmen oder sich zu entleeren. Wasser und Energie beziehen sie während dieser Zeit aus dem Muskelgewebe und eingelagerten Fetten. Wir Menschen dagegen können diese erstaunliche Methode nicht anwenden, um unser Überleben zu sichern.

Sie können auch darüber sprechen, wie Tiere ihre Sinne benutzen, um Nahrung ausfindig zu machen und sich vor Plünderern und Raubtieren zu schützen, die ihnen ihr Futter rauben oder sie fressen wollen. Der Geruchssinn beim Wolf zum Beispiel ist schätzungsweise hundert Mal stärker entwickelt als beim Menschen, wodurch er sehr gut Nahrung aufspüren oder näher kommende Gefahren wittern kann. Und die braune, schmucklose Große Wachsmotte (*Galleria mellonella*) sieht zwar etwas unbeholfen aus, ist aber ein Meister darin, Angreifern zu entgehen – ihr Hörvermögen ist hundertfünfzig Mal stärker als unseres!

Lesetipps

Bunney, Sarah: *The Illustrated Book of Herbs* (London 1984)

Cornell, Joseph: *Mit Kindern die Natur erleben* (Mülheim 1999)

Fearnley-Whittingstall, Hugh: *A Cook on the Wild Side* (Hampshire 1997)

Garner, Lynne: *Little Book of Dens* (London 2013)

Gill, Tim: *No Fear: Growing Up in a Risk Averse Society* (London 2007)

Knight, Sara: *Forest School For All* (London 2011)

Louv, Richard: *Das letzte Kind im Wald: Geben wir unseren Kindern die Natur zurück!* (Freiburg 2013)

Philips, Roger: *Wild Flowers of Britain* (London 1977)

Philips, Roger: *Wild Food* (London 1983)

Tuner, JC; Van De Griend, P.: *History and Science of Knots* (London 1996)

Weitere Informationen über die Autoren und ihre Waldschule finden Sie unter www.playtheforestschoolway.com

Dank

Wir bedanken uns bei:

Janes Mutter Maria Worroll-Meir, für ihre Liebe zur Natur, die uns so oft inspiriert hat;

Petes Familie für ihren Ideenreichtum und dafür, dass sie uns immer ermutigt hat, die Beschäftigung mit dem Leben im Wald weiterzuführen;

Petes Waldschullehrerin Katharine, die uns ihre Leidenschaft für die Waldschule vermittelt hat;

allen unseren Freunden, für ihre tatkräftige Hilfe und Unterstützung;

Jo Lal, weil sie immer an uns geglaubt hat;

Joseph Cornell, den Pionieren der Waldschule und den Outdoor-Zentren (die wir hier nicht alle aufführen können), die dazu beigetragen haben, dass Kinder auch weiterhin in der Natur ganzheitlich lernen;

und unserem Sohn Theo, der uns mit seiner kindlichen Art, die Welt zu erkunden, die Dinge immer wieder in neuem Licht sehen lässt.

Theo mit Hund, von ihm selbst gezeichnet